Usch Luhn

# FOREVER

# MEIN WILDPFERD UND ICH

Band 1: *Mein Wildpferd und ich*

Band 2: *Herzenssachen*

Ein weiterer Band über Anni und ihr Wildpferd ist in Vorbereitung!

Und kennst du schon den Ponyherz-Film und das zugehörige Filmbuch?

Usch Luhn

# Forever
## Mein Wildpferd und ich
### Herzenssachen

Mit Illustrationen von
Franziska Harvey

CARLSEN

# Inhalt

Meine Story ...
Ich war eigentlich in Hamburg zu Hause.
Plötzlich Umzug!
My BF ♡ Mara
Neue Schule inklusive Zickenalarm
Aber Lorenz ist cool! Er wohnt bei seinem Onkel auf dem Pferdeflüstererhof.
Meine Eltern schuften in ihrem Orchideengarten.
Mein kleiner Bruder Lars macht Quatsch.
New ♡ BF
Dreamteam: Ly
Lorenz und i

Immer dabei: mein Zeichenbuch!
Anni
Tschüss!
Und dann ein Leben auf dem Land
Princess Pia regiert auf Gut Hottenhöh.
Doch das Allerbeste: mein geheimes Wildpferd Ponyherz.
Wir haben schon so viel zusammen erlebt. Und jetzt erwarten uns neue Abenteuer.
Denn wir bleiben zusammen - forever ♡

# Sehnsucht

Mein lieber Ponyherz!

Du bist wieder da. Nicht nur in meinem Herzen, sondern in echt. Das ist ein wahr gewordener Traum. Am liebsten würde ich die Zeit anhalten, damit es für immer so bleibt.

Es kommt mir vor, als wäre es erst gestern gewesen, dass ich dich im Wald getroffen habe und ich auf deinen Rücken steigen durfte.

Damals warst du noch ganz jung, und ich kann kaum glauben, dass du inzwischen erwachsen bist und deine eigene Herde gegründet hast.

Erinnerst du dich auch an unsere erste Begegnung? Ich hatte den Schulbus verpasst,

weil Pia und Bine mich so gemein ausgelacht haben. Ich weiß noch genau, wie schrecklich sich das anfühlte, obwohl es jetzt schon lange her ist.
Mit Pia und Bine bin ich hier im Internat wieder in einer Klasse. Aber so verrückt das klingt: Sie sind auf einmal beinahe nett zu mir. Besonders Pia.
Lynn sagt, Pia will unbedingt meine Freundin sein. Aber ich bin mir nicht sicher, ob das so eine gute Idee von Pia ist. Das würde bestimmt

Stress mit Bine bedeuten. Sie zeigt mir ständig, wie eifersüchtig sie ist.
Außerdem ist Lynn meine beste Freundin und wir erzählen uns alles. Wobei ich es geschafft habe, ihr nichts von dir zu verraten. Du bist und bleibst mein geheimes Wildpferd.
Na, okay. Eine Ausnahme gibt es natürlich. Lorenz. Vor ihm konnte ich dich nicht geheim halten, er ist einfach zu schlau. Außerdem ist es toll, das Geheimnis mit ihm zu teilen – weil sich niemand so gut mit Pferden auskennt wie er. Und manchmal kann ich seine Hilfe sehr gut gebrauchen.
Das Internat ist super. Auch wenn ich heimlich ziemlich geheult habe, als ich vom Orchideenhof wegmusste. Dabei sind mir Mama, Papa und besonders Nervensäge Lars oft ganz schön auf den Geist gegangen. Aber weißt du was? Plötzlich fehlen sie mir. Vor allem mein Brüderchen. Ich bin sogar ein wenig stolz auf ihn. Er ist ja jetzt in der Klasse von Frau Grünklee und stresst sie mindestens so gut wie ich damals. Hihi. Hat Frau Grünklee nicht anders verdient.

wie geht es dir eigentlich, als Chef einer Wildpferdherde? Hast du manchmal Heimweh nach deiner Mama Kristall? Lorenz sagt, dass Pferde nicht dieselben Gefühle haben wie wir Menschen. Aber das kann ich mir absolut nicht vorstellen.
Ich habe doch gespürt, dass du Sehnsucht nach mir hattest, als wir uns so lange nicht gesehen haben. Genau wie ich nach dir.
Ach, mein lieber Ponyherz. Wenn ich an die Zeit denke, in der wir nicht zusammen waren, zieht sich mein Herz zusammen und tut weh. Ich werde niemals vergessen, wie traurig ich war, dich nicht umarmen zu können. Und ich werde ganz doll aufpassen, dass wir uns nie mehr verlieren.
Wenn ich jetzt die Augen schließe und tief Luft hole, kann ich dich riechen. Von Sam, unserer Rangerin aus Neuseeland, haben wir gelernt, dass das Gehirn sich sehr lange an Gerüche erinnert, die man gerne mochte.
Übrigens, was total Lustiges. Bevor ich dich wiedergetroffen habe, kam es mir vor, als würde Lorenz riechen wie du. Als ich ihm das

gesagt habe, hat er echt doof geguckt und meinte, er sei doch kein Pferd.
Wir hatten heute wieder eine Doppelstunde bei Sam. Sie bringt uns richtig tolle Sachen bei und weiß auf alles eine Antwort, aber nach dem Unterricht bei ihr bin ich immer voll fertig. Hast du uns vielleicht sogar beobachtet, als wir durch den Wald gepirscht sind? Das ist anstrengender als jeder Sport. Trotzdem hat es allen richtig viel Spaß gemacht. Nur Bine hat gejammert, die bewegt sich nicht gerne. Heute musste Sam ihr sogar das Handy abnehmen, weil sie lieber eine Story drehen wollte, als Spuren zu lesen. Da hat Bine fast geheult.
Mein lieber Ponyschatz, ich muss Schluss machen. Die Glocke läutet zum Mittagessen und ich hab echt Hunger. Tschüss, ganz bald sehen wir uns wieder - ich werde einen Weg finden, das verspreche ich dir.

Deine Freundin Anni

Anni versteckt ihr Tagebuch sorgfältig im Schrank unter ihren Pullovern, bevor sie in die Pausenhalle saust. Im ehemaligen Rittersaal des alten Gutshofes wird nicht nur gegessen, sondern er dient auch als Übungsraum für die neu gegründete Theatergruppe und als Versammlungsraum, wenn es was zu verkünden gibt. Also eigentlich für alle Aktivitäten, die viel Platz brauchen. An Annis Mittagstisch sitzen Lynn, Lorenz, Pia, Bine und Harvey. Harvey ist zwar beinahe blind, aber er hat sich im Internat in kürzester Zeit fast besser zurechtgefunden als Anni, die sich in dem großen Schulgebäude immer noch verläuft.
Heute gibt es Kartoffelbrei mit gebratenem Fisch und als Nachtisch Grießbrei mit heißen Kirschen. Vor Harvey stehen zwei vollgehäufte Teller auf dem Tisch.
„Hast du Angst, dass du verhungerst?“, fragt Anni und ihr Magen knurrt ganz laut beim Anblick des leckeren Essens.

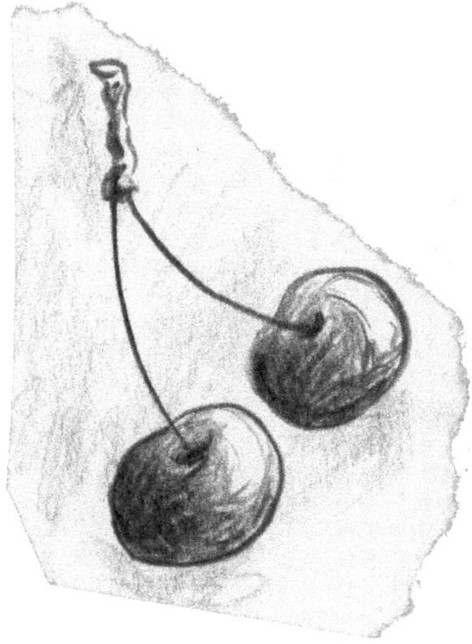

„Sicher ist sicher", sagt Harvey grinsend. „Ich weiß ja inzwischen, was für große Portionen du verdrücken kannst."
Anni rollt mit den Augen. „Ich bin nicht so ein Vielfraß wie du", verteidigt sie sich.
„Ischt nischt sischer", nuschelt Harvey, weil er sich gerade ein riesiges Stück Backfisch in den Mund geschoben hat.
„Ich würde mir schnell was holen, anstatt mit Harvey über sein Essen zu diskutieren", rät Lynn ihrer Freundin. Sie ist gerade von der Essensausgabe zurückgekommen. „Der Grießbrei ist so gut wie alle."
Anni stößt einen erschrockenen Schrei aus, der sich fast anhört wie empörtes Wiehern, und läuft direkt los.
„Heute wieder spät dran, Anni?", fragt Frau Lachner freundlich. Die Lehrerin unterrichtet Ernährungskunde, hilft aber in dieser Woche in der Schulküche aus.
Anni starrt enttäuscht in die fast leere Grießbrei-Schale. „Ich hatte zu tun", murmelt sie.
Frau Lachner nickt verständnisvoll. „Ich finde es toll, wie du dich um unsere Tiere kümmerst", lobt sie Anni. „Deshalb sollst

du nicht zu kurz kommen." Sie reicht Anni einen Teller mit Grießbrei und heißen Kirschen, der bis zum Rand gefüllt ist. „Hab ich für dich aufgehoben. Lass es dir schmecken." Außerdem stellt sie ihr das Hauptgericht auf ein Tablett. „Aber erst Fisch essen." Sie zwinkert Anni zu.
„Oh, das ist ja total nett, Frau Lachner. Vielen Dank", stammelt Anni und kann nicht verhindern, dass sie bis über beide Ohren rot wird. Schließlich war sie gar nicht im Stall, sondern hat Tagebuch geschrieben. Aber das kann sie jetzt unmöglich eingestehen. Also macht sie sich eilig vom Acker, zurück an den Mittagstisch.
„Kannst du zaubern, Anni?" Lorenz zeigt neidisch auf ihre riesige Portion Grießbrei. „Der war doch gerade schon fast aus."
Anni zuckt verlegen mit den Achseln. „Ich teile mit dir", sagt sie und häuft die Hälfte ihres Nachtischbergs auf einen leeren Teller.
„Hoho", kichert Bine. „Annis Herz, das klopft so sehr, gibt Lorenz ihren Grießbrei her." Sie klatscht sich selbst Beifall für ihren Spruch.
„Bist du doof?", ruft Anni laut.
Im Pausenraum wird es schlagartig leise.
„Wohoo, jetzt geht's ab." Melli grinst vom Nachbartisch zu Anni hinüber.
„Entspann dich, Anni", sagt Pia und legt ihre Hand beruhigend

auf Annis Arm. „Du weißt doch, dass man Bine nicht ernst nehmen kann.“
Jetzt guckt Bine fast so empört wie Anni. „Was soll das denn heißen, Pia?“
„Leute, beruhigt euch mal wieder. Sich während des Essens aufregen ist ungesund“, sagt Lynn.
„Magst du deine Hälfte nicht mehr?“ Lorenz ignoriert Bines Gerede einfach und zieht Annis Schüssel mit Grießbrei zu sich herüber.
„Hey, so weit kommt es.“ Anni rettet ihren Nachtisch. „Ich hab dir doch schon was abgegeben.“
Zum Glück quasseln im Pausenraum inzwischen alle längst wieder durcheinander und schauen nicht mehr zu Anni und Bine rüber. Und plötzlich steht die Rangerin Sam an ihrem Tisch.
„Was war denn bei euch los? Anni, du hast ja noch gar nichts gegessen.“ Sie zeigt auf Annis vollen Fischteller und wedelt dann mit einem Packen Briefe. „Trari-trara, die Post ist da, auch für dich, Anni. Gibt es aber erst nach dem Mittagessen“, sagt sie und geht weiter.
„Hau rein, Anni“, drängelt Lorenz.
Statt einer Antwort knurrt Annis Magen unüberhörbar laut. Hungrig spachtelt sie Fisch und Kartoffelbrei in sich hinein. Und auch für den Grießbrei ist noch Platz. „Fertig!“, ruft sie in

Sams Richtung. Aber die verteilt die Post erst mal an den anderen Tischen.

„Post von Lars!“ Anni strahlt, als sie endlich einen großen Umschlag in den Händen hält. „Er hat sogar die Adresse allein geschrieben.“ Erwartungsvoll öffnet sie den Brief und zieht eine Zeichnung heraus.

„Wie süß!“, ruft Lynn, die ihr über die Schulter schaut.

Lars hat ein Bild vom Orchideenhof gemalt. Und quer über der Zeichnung steht in bunten Buchstaben:

„DU FELST MIR DEIN BRUDA LARS“

Sofort schießen Anni Tränen in die Augen. „Diese Pappnase. Rechtschreibung ist echt nicht sein Ding. Hoffentlich quält ihn Frau Grünklee nicht zu sehr.“

Lorenz nimmt Anni das Kunstwerk aus der Hand. „Lars kann wirklich gut malen, das hat er sich von dir abgeguckt.“

Melli hat gerade ihr Tablett auf den Geschirrwagen gestellt und bleibt jetzt neugierig am Tisch von Anni und den anderen stehen.

„Zeig mal Annis Liebesbrief“, sagt sie zu Lorenz und schnappt sich die Zeichnung einfach. „Och, das ist ja bloß Krickelkrakel von deinem Bruder, Anni. Der hat ja eine krasse Schreibschwäche. Damit bleibt der bestimmt sitzen."

Anni wirft Melli einen wütenden Blick zu. „Klappe, Pinkie", faucht sie.

Pinkie ist der Spitzname, den Anni ihrer Mitschülerin bereits am ersten Schultag im Internat verpasst hat, weil sie ihre pinke Beanie selbst im Unterricht nicht abnimmt. Frau Grünklee hätte die Mütze schon längst einkassiert. Anni hat richtig Lust, sich mit Melli zu streiten, und will gerade noch etwas sagen, aber da taucht erneut Sam auf.

„Melli, hier ist noch ein Päckchen für dich, der Paketbote hat es gerade abgegeben."

Das Päckchen sieht außergewöhnlich aus, es ist in schwarzes Papier gewickelt und mit einem weißen Stift adressiert.

„Schick", sagt Lynn. „Wer schickt dir denn so ein abgefahrenes Paket?"

Melli guckt auf den Absender. „Von meinem Bruder", antwortet sie überrascht, als wäre Post von ihm etwas Ungewöhnliches.

„Du hast Geschwister?", fragt Lorenz. „Davon hast du uns ja noch gar nichts erzählt."

Melli zuckt mit den Achseln. „Ihr müsst ja nicht alles wissen. Schon mal was von Privatsphäre gehört? Stell dir vor, ich habe einen Zwillingsbruder. Rafael. End of story." Plötzlich hat sie es sehr eilig und stürmt Richtung Ausgang.

„Melli, du hast Abräumdienst mit uns!“, ruft Ella ihr vom Nachbartisch hinterher.

Melli macht eine Mir-doch-egal-Handbewegung und verschwindet aus dem Speisesaal.

„Na super“, beschwert sich Greta. „Ewig lasse ich mir Mellis Extratouren nicht gefallen. Das schwöre ich euch.“

Lorenz schaut zu ihr rüber und runzelt die Stirn. „Was meinst du damit?“

Greta schnaubt. „Ist dir das noch nicht aufgefallen? Sie hat für alles, was mit Arbeit zu tun hat, eine Ausrede. Weder hat sie in der letzten Woche den Stall der Shettys ausgemistet noch hat sie mitgeholfen, dass die Alpakas sich bei uns einleben. Und in den Hühnerstall hat sie bisher keinen einzigen Schritt gemacht.“

Harvey nickt zustimmend. „Ich will aber sowieso gar nicht, dass sie die Hühner stresst. Sie ist viel zu laut und hektisch dafür, eigentlich benimmt sie sich selbst wie ein aufgescheuchtes Huhn.“

Anni kichert so sehr, dass sie sich an ihrem Apfelsaft verschluckt. „Ganz genau! Ich frage mich nur, warum sie dann überhaupt auf so ein Internat wollte, in dem es um das Zusammenleben von Menschen und Tieren geht.“

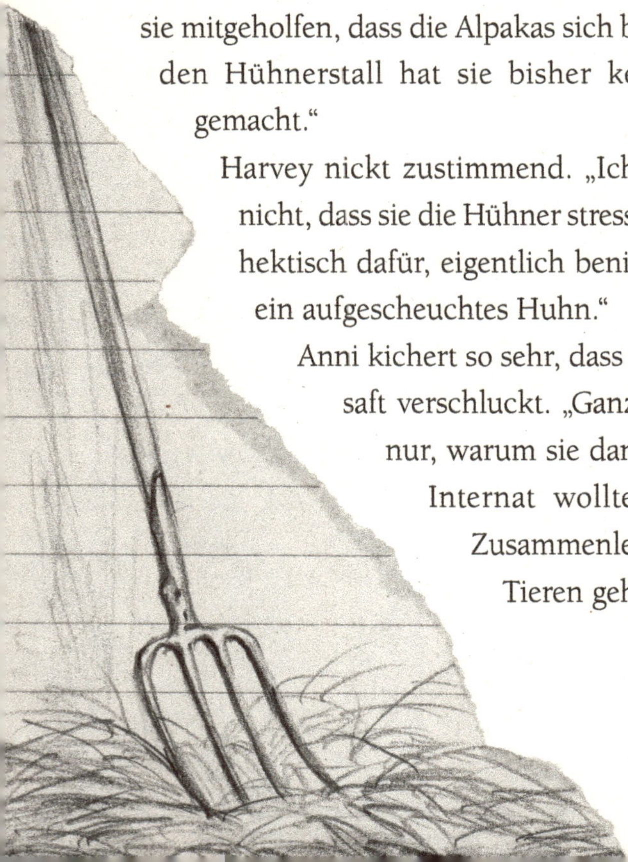

Lorenz stellt nachdenklich das restliche Geschirr auf sein Tablett.

„Vielleicht war das eher der Wunsch von ihren Eltern", überlegt Lynn, „weil Melli ja mal in ihre Tierarztpraxis einsteigen soll. Wenn ihr mich fragt: Eigentlich hat Melli auf so einer tollen Schule wie unserer gar nichts verloren."

Lorenz schüttelt den Kopf. „Seid nicht so hart. Mein Onkel Pieter hat sich unsere Schule, in der Menschen und Tiere unter einem Dach sind, ja ausgedacht, damit wir einander besser verstehen. Melli ist halt noch nicht so weit. Aber sie kann hier lernen, mit Tieren umzugehen. Vielleicht müssen wir ihr gemeinsam dabei helfen."

Pia verdreht die Augen. „Wow, du guter Mensch. Wenn ich es nicht besser wüsste, würde ich sagen, du bist in Melli verknallt."

Bine wiehert los und nickt zustimmend.

„Dreht ihr jetzt völlig durch?", mischt Anni sich ruppig ein. „Aber ich verstehe dich echt nicht, Lorenz. Warum setzt du dich denn plötzlich so für Melli ein? Ich dachte, sie nervt dich auch."

Bine klatscht begeistert Beifall. „Wie cool. Anni ist eifersüchtig auf Melli. Das wird ja noch ein echtes Liebesdrama zwischen euch."

Anni steigt die Hitze ins Gesicht, als

würde sie jeden Moment explodieren. „Mir reicht's. Ich glaube wirklich, ich bin hier im falschen Film. Ich brauche dringend frische Luft." Und mit diesen Worten rauscht sie aus dem Speisesaal, bevor jemand sie aufhalten kann.

In tiefen Zügen atmet Anni die frische Luft ein. In ihrem Kopf pocht es so heftig, als würde jemand ihre Schläfen mit einem Hammer bearbeiten. Gerade geht ihr das Leben im Internat ganz schön auf den Geist. Diese dummen Sprüche von Pia und Bine, Mellis Prinzessinnen-Getue und selbst Lorenz kann mit seinem Verständnis für jeden echt nerven.

*Ich wünschte, alles wäre wie früher*, denkt sie. In der Grundschule war es so easy. Mit den Eltern und Lars gab es so gut wie nie Streit. Bloß Frau Grünklee hat gestresst, aber die hatte Anni meistens im Griff. Dafür konnte sie jeden Nachmittag zu Ponyherz in den Wald radeln und mit ihm ausreiten, manchmal sogar im Morgengrauen oder mitten in der Nacht.

„Heute riskiere ich es!“, ruft sie in den wolkenlosen Himmel. „Ponyherz, ich komme.“

Sie saust hinauf ins Zimmer und holt ihre Schulsachen hervor.

Turboschnell macht sie ihre Hausaufgaben, Fehler sind ihr heute total egal. Anni hat ihr Ponyherz schon eine ganze Woche nicht besucht und hält es jetzt einfach nicht mehr aus. Das Wildpferd lebt auch mit seiner neuen Herde im Wald – gar nicht weit entfernt vom Internat. Die meisten Pferde aus Ponyherz' neuer Herde kennt Anni noch von der Blumenwiese in Groß Hottendorf. Sie gehörten bereits zu der Herde, in der Ponyherz aufgewachsen ist. Einige Stuten und die jungen Hengste haben sich Ponyherz angeschlossen, als er seine eigene

Herde gegründet hat. Unter anderem die Zwillinge, mit denen Anni schon gespielt hat, als sie noch winzige Fohlen waren. Im Gegensatz zu damals in Groß Hottendorf ist es nun sehr mühsam, Ponyherz zu besuchen, ohne dass jemand aus dem Internat dahinterkommt. Vor allem die Rangerin Sam hat ihre Augen und Ohren überall. Überhaupt steht man im Internat ständig unter Beobachtung – noch etwas, was hier echt anstrengend ist.

Heute ist die perfekte Gelegenheit, sich mit Ponyherz zu treffen. Anni hat in der Pause aufgeschnappt, dass Sam mit Pieter zu seinem Hof fährt, um sich um die zwei Lipizzaner zu kümmern. Pieter hat die beiden Tiere erst vor Kurzem für das Internat gekauft. Lipizzaner sind sehr ruhige, intelligente Tiere, die gerne

enge Bindungen mit Menschen aufbauen. Doch diese Lipizzaner kommen aus einer Pferdeklappe und es geht ihnen schlechter, als Pieter dachte. Die Stute Capriola ist von ihrem Vorbesitzer eingeschüchtert und misshandelt worden. Und India ist ein Fohlen, das in der Pferdeklappe geboren wurde. Die zwei waren bereits in der Pferdeklappe unzertrennlich, deshalb hat Pieter sich entschieden, beide Tiere zu sich zu nehmen. Gerade sind sie noch viel zu ängstlich, um im Internat zu leben. Bis sie sich eingewöhnt haben, versorgt Pieter sie zusammen mit dem Pferdewirt Sebastian und seiner Frau Sonja auf dem Pferdeflüstererhof. Hoffentlich nicht mehr lange.

Anni klappt ihr Schulheft zu und zieht den Anorak an. In diesem Moment kommt Lynn herein.

„Hey, Anni“, sagt sie. „Gehst du mit uns spazieren? Greta und Elli holen Yuri und Yana gerade aus dem Stall.“

Sofort hat Anni ein schlechtes Gewissen. Die Alpakas Yuri und Yana sind noch ziemlich schüchtern, auch wenn sie auf den ersten Blick gar nicht so aussehen. Deshalb werden sie jeden Tag ausgeführt, um sich mit den Schülerinnen und Schülern anzufreunden. Weil Alpakas außerdem recht eigensinnig sind und oft keine Lust haben zu laufen, kann es schon mal eine halbe Ewigkeit dauern, bis sie zum Waldrand gelangen. Anni hat sie am Wochenende mit Lorenz ausgeführt und weiß genau, wie viel Geduld man mit ihnen haben muss. Yuri blieb mitten auf dem Weg einfach stehen und bewegte sich keinen Zentimeter mehr, egal wie sehr sie ihn lockten. Erst als Lorenz ihm ein paar Karottenstücke anbot, setzte er sich wieder in Bewegung.

„Ähm …“, beginnt Anni zögernd. Sie würde wirklich gerne mitgehen, aber sie will ihren Besuch bei Ponyherz auf keinen Fall aufschieben. „Ich kann leider nicht. Ich muss noch was erledigen.“

Lynn hebt fragend eine Augenbraue. „Wirklich? Du lässt uns mit den Sturköpfen allein? Was ist denn so wichtig?“

Anni grinst schief. „Ich will noch mal eine Spur checken, die mir heute Vormittag im Wald aufgefallen ist. Ich helfe euch beim nächsten Mal, versprochen.“

Lynn seufzt und zuckt mit den Schultern. „Na gut, aber wenn du dich vor der Alpaka-Arbeit drückst, erwarten wir beim nächsten Mal die doppelte Menge Schokokekse als Ausgleich!“

Anni lacht. „Deal.“

Schnell schlüpft sie in ihre Turnschuhe, wirft sich den Rucksack über die Schulter und verlässt das Zimmer. Draußen atmet sie

tief durch. Sie muss sich beeilen – nichts wie weg, bevor sie noch jemand aufhält.
Die Internatsküche liegt verlassen da. Der metallische Glanz der großen Edelstahltische spiegelt das helle Sonnenlicht wider, das durch die Sprossenfenster fällt. Der Duft nach Backfisch und frischen Kräutern hängt noch in der Luft. Ein riesiger Kühlschrank brummt leise, irgendwo tropft ein Wasserhahn.
Anni lauscht.
Niemand da. Perfekt.
Auf Zehenspitzen schleicht sie zur großen Holzkiste in der Ecke, sie hebt den Deckel vorsichtig an. Knarrend gibt er nach. Anni zuckt zusammen. Sie hält inne, wartet kurz. Dann greift sie nach ein paar Möhren und zwei Gurken, stopft sie in ihren Rucksack und drückt den Deckel der Holzkiste wieder zu. Danach lässt sie noch einige Äpfel aus der Keramikschale auf der Anrichte in ihrem Rucksack verschwinden. Im selben Augenblick zuckt sie zusammen. Die große Wanduhr über dem Herd schlägt zur vollen Stunde.
Anni schüttelt den Kopf über sich selbst. *Reiß dich zusammen!* Aber ihr Herz pocht wie wild. Sie macht einen schnellen Schritt zur Tür – und kriegt erneut einen Schreck. Ein Schatten bewegt sich an der Wand! Nur für den Bruchteil einer Sekunde. Dann ist er wieder weg. War das ihr eigener Schatten?
„Anni?" Frau Lachner steht plötzlich im Türrahmen, die Arme

vor der Brust verschränkt. „Was treibst du denn hier?"

Anni blinzelt. *Eine Ausrede, na los!* Hastig greift sie nach einem schneewittchenroten Apfel aus der Obstschale. „Ich hatte so Appetit auf einen Apfel", sagt sie bemüht locker.

Frau Lachner hebt skeptisch eine Augenbraue. „Die Obstkörbe stehen doch gut gefüllt vorne im Rittersaal. Dafür brauchst du dich nicht in die Küche schleichen."

„'tschuldigung. Daran hab ich nicht gedacht", murmelt Anni und zwingt sich zu einem schuldbewussten Nicken. „Tschüss und noch einen schönen Nachmittag!"

Bevor die Lehrerin etwas erwidern kann, wirft Anni sich den Rucksack fester über die Schulter und läuft so lässig wie möglich aus der Küche.

Draußen atmet sie durch – das war verdammt knapp! Frau Lachner hätte bestimmt ganz genau wissen wollen, was Anni mit dem Gemüse vorhat.

Anni tritt auf den gepflasterten Innenhof des Internats. Sie schleicht dicht an den Stallgebäuden vorbei, um nicht von Lynn und den anderen Mädchen entdeckt zu werden. Dann schlägt sie voller Vorfreude den Weg zum Waldrand ein. Ihr Herz

klopft schneller. Bald wird sie ihr Ponyherz wiedersehen. Sie kann es kaum erwarten, seine warme, weiche Mähne zwischen den Fingern zu spüren.
Gerade will sie in den Wald eintauchen, als eine bekannte Stimme hinter ihr ruft: „Anni! Warte mal!"
Sie dreht sich um – und sieht Lorenz, der auf sie zugeht.
„Wo willst du hin?" Er zieht an einem Stück Möhrenkraut, das aus ihrem gefüllten Rucksack herausragt.
„Hey, du", sagt Anni. „Nur ein bisschen frische Luft schnappen."
Lorenz hebt eine Augenbraue. „Mit einem Rucksack voller Möhren?" Er hat sie natürlich durchschaut.
Anni scharrt mit dem Fuß auf dem Boden.
„Okay, okay. Ich geh zu Ponyherz."
Lorenz seufzt. „Pass bloß auf, dass du nicht auffliegst. Sam und Pieter bleiben sicher nicht den ganzen Nachmittag bei den Lipizzanern auf dem Hof. Und der Tierarzt kommt heute auch noch zu uns ins Internat, um die Zähne der Shettys zu kontrollieren. Hast du vergessen, dass wir dabei sein dürfen? Das wird bestimmt spannend."

Daran hat Anni tatsächlich gar nicht mehr gedacht. „Mist! Dann muss ich mich jetzt echt beeilen. Das will ich nicht verpassen. See you later!“

Anni läuft durch den Wald. Ihr Atem geht schnell, aber sie fühlt sich frei. Die kühle Waldluft streicht über ihr Gesicht, während sie geschickt den tief hängenden Ästen ausweicht. Der ausgetretene Pfad unter ihren Füßen gibt ihr Sicherheit und je weiter sie in den Wald vordringt, desto ruhiger wird es. Nur das entfernte Rufen eines Eichelhähers und das sanfte Rascheln der Blätter im Wind sind zu hören.

Dann bleibt sie abrupt stehen. Eine vertraute Gestalt hebt den Kopf aus dem dichten Unterholz – Ponyherz! Sein braunes Fell glänzt im Licht der Sonne, die sich ihren Weg durch das Blätterdach bahnt. Seine dunklen Augen leuchten warm und seine Mähne bewegt sich sacht im Wind. Als er Anni entdeckt, spitzt er die Ohren, schnaubt leise und setzt sich in Bewegung. Sein Trab wird schneller, seine Hufe trommeln sanft auf dem weichen Waldboden.

Anni lacht leise vor Freude, ihr Herz klopft vor Aufregung. „Da bist du ja, Ponyherz! Ich hatte schon wieder solche Sehnsucht nach dir.“

Das Wildpferd stupst sie sanft mit seiner weichen Nase an. Ein warmer Hauch streift ihre Wange, als würde er ihr zuflüstern: „Ich auch nach dir.“

Hinter ihm tauchen weitere Pferde aus dem Dickicht auf – seine Herde. Die Zwillinge tollen umeinander, während eine hellbraune Stute aufmerksam stehen bleibt und Anni aus sicherer Entfernung beobachtet.

Behutsam zieht Anni eine Möhre aus ihrem Rucksack. „Ich hab dir was mitgebracht. Guten Appetit."

Ponyherz schnappt sich die Karotte vorsichtig mit seinen Lippen und Anni kichert, als seine weichen Nüstern an ihrer Hand kitzeln. Doch sie hat noch mehr dabei. Sie greift erneut in ihren Rucksack und holt weiteres Gemüse hervor: die knackigen Äpfel und die übrigen saftigen Karotten, deren Möhrenkraut duftet. Neugierig nähern sich die anderen Pferde. Ihre dunklen Augen blitzen, während sie vorsichtig zu Anni kommen. Die Zwillinge schubsen sich spielerisch, als wollte jeder von ihnen zuerst an die Leckereien.

Anni lacht und verteilt großzügig das Futter, während sie von den Wildpferden umringt wird. Die sanften Tiere drängen sich an sie, ihre warmen Leiber strahlen Geborgenheit aus. In diesem Moment fühlt sich Anni als Teil der Herde, als gehöre sie hierher, in diese wilde, freie Welt.

Dann hebt Ponyherz plötzlich ruckartig den Kopf, seine Ohren zucken nervös. Sein Schweif peitscht leicht und seine Nüstern blähen sich. Anni dreht sich langsam um und lauscht. Nichts – nur das ruhige Rauschen der Blätter. Doch Ponyherz bleibt angespannt. Annis Herz klopft im Galopp. Sie ist sich sicher, dass ihr niemand gefolgt ist … oder?

Anni umarmt ihr Wildpferd noch einmal heftig. „Ich möchte dich am liebsten niemals loslassen, mein Süßer. Das nächste Mal reiten wir wieder gemeinsam aus, versprochen."
Zum Abschied winkt sie der Wildpferdherde zu und schleicht sich zwischen den Bäumen davon. Sie ist noch nicht weit gelaufen, da entdeckt sie plötzlich etwas auffällig Leuchtendes zwischen den grünen Blättern des Mischwaldes.
„Pinkie?", murmelt Anni verblüfft. Was macht sie hier? Allein, mitten im Wald?
Vorsichtig duckt sich Anni hinter einen Busch. Eigentlich hat sie nicht vor, Melli zu beobachten – aber irgendetwas hält sie davon ab, sich einfach aus dem Staub zu machen.
Melli sitzt auf einem umgestürzten Baumstamm, den Blick gesenkt, das schwarze Päckchen auf ihrem Schoß. Vorsichtig öffnet sie es. Anni kann den Inhalt nicht erkennen, aber Mellis

Reaktion verrät, dass es etwas Bedeutungsvolles sein muss. Ihre Schultern verspannen sich und sie beißt sich auf die Unterlippe.
Behutsam zieht Melli nun ein schwarzes Basecap aus der Schachtel und schaut es an, als hielte sie gerade etwas Unglaubliches in den Händen. Dabei wirkt sie plötzlich so … verletzlich. Dann entdeckt Melli einen gefalteten Zettel, der ebenfalls im Päckchen liegt. Ihre Finger streichen zögernd über das Papier, bevor sie es aufschlägt.
*Ob das ein Brief von ihrem Bruder Rafael ist?*, überlegt Anni.
Mellis Augen fliegen über die Zeilen – und dann geschieht etwas, womit Anni nicht gerechnet hat. Melli lässt das Papier fallen und schlägt die Hände vor das Gesicht. Ihre Schultern zucken heftig, als würde sie weinen.
Anni spürt ein merkwürdiges Ziehen in der Brust. Sie kann Melli nicht leiden. Niemand mag sie wirklich. Aber in diesem Moment sieht sie nicht mehr aus wie das nervige, schnippische Mädchen. Sie sieht aus wie jemand, der gerade etwas richtig Schlimmes erfahren hat.
Anni schluckt.

Sie hat keine Ahnung, was in dem Brief steht. Sie weiß nicht, welche Bedeutung das Basecap hat. Aber sie weiß, dass Melli gegen etwas ankämpft, das ihr die Luft zum Atmen nimmt. Dieses Gefühl kennt Anni nur zu gut. Damals, als Ponyherz von der Blumenwiese verschwunden war, hat sie gedacht, sie müsse ersticken. Anni weiß, dass sie das alles eigentlich gar nichts angeht. Doch sie kann den Blick einfach nicht abwenden.

Melli bückt sich nach dem Brief, streicht ihn glatt und liest ihn erneut. Dann ballt sie die Hand zur Faust Richtung Himmel, zerknüllt das Papier und stopft es entschlossen zurück in das Päckchen.

„Nein!“, schreit sie in die hohen Bäume hinauf. „Nein, nein, nein!“

Sie reißt sich ihre pinke Beanie vom Kopf und wirft sie weg. Jetzt setzt sie sich das schwarze Basecap auf und rennt davon.

Anni hält den Atem an und richtet sich hinter dem Gebüsch auf. Was steht nur in diesem geheimnisvollen Brief? Ohne lange nachzudenken, hastet sie Melli hinterher, die mit schnellen Schritten Richtung Schulgelände zurückläuft.

Gerade als sie nacheinander auf dem Hof des Internats ankommen, biegen Sam und Pieter mit dem Tierarzt um die Ecke. Die Rangerin unterhält sich munter mit dem Tierarzt, der eine große Tasche trägt. Die Luft riecht nach Heu, Leder und ein wenig nach den ätherischen Ölen, die der Tierarzt immer benutzt.

„Ah, da sind ja schon die ersten zwei, Anni und Melli!“ Sam lächelt erfreut.

Melli dreht sich überrascht zu Anni um.

„Hey, Melli. Wo kommst du denn auf einmal her?“ Anni versucht harmlos zu lächeln.

„Pieter und ich haben tolle Neuigkeiten von unseren Lipizzanern mitgebracht“, sagt Sam strahlend. „Es geht ihnen viel besser! Ich glaube, wir können es wagen, sie in unsere Mitte zu holen. Ist es nicht wunderbar, dass unsere Familie immer größer wird?“

Melli zuckt bei dem Wort Familie kurz zusammen, doch dann setzt sie wieder diese typische, leicht genervte Miene auf, die Anni an ihr nicht ausstehen kann. Wären da nicht die feinen verräterischen Ränder unter ihren Augen, Spuren von Tränen.

„Alles okay mit dir?“, fragt Sam und schaut Melli prüfend ins Gesicht.

„Ich … ich hab Zahnschmerzen“, murmelt Melli und presst eine Hand an ihre Wange.

Der Tierarzt mustert sie. „Zahnschmerzen, ja? Hm …“ Er tippt mit dem Finger an sein Kinn. „Dann solltest du vielleicht auch auf meinen Stuhl, wenn ich mit den Shettys fertig bin.“

Melli schüttelt hastig den Kopf. „Nein, nein! Ich … Ich brauch nur kurz ein wenig Ruhe." Sie dreht sich um und verschwindet. Anni schluckt. Sie weiß genau, dass Melli lügt. Aber sie wird sie nicht verraten.

„Komisch", murmelt Pieter, kratzt sich am Kopf und schaut Melli nach. „Ist das wieder so eine Ausrede, um sich zu drücken?"

Anni spürt einen kleinen Triumph. Anscheinend hat Pieter auch schon mitbekommen, dass Melli nicht so begeistert mitmacht wie die anderen.

„Vielleicht hat sie wirklich Zahnschmerzen", meint Sam, ihre Stirn ist leicht gerunzelt. „Weißt du etwas, Anni?"

Anni zuckt mit den Achseln. „Keinen blassen Schimmer. Aber ich glaube, ihr tut wirklich was weh." Das ist zumindest nicht geschwindelt. Nur dass Melli einen Kummer hat, der nicht in den Zähnen schmerzt.

„Ich schaue später nach ihr", sagt Sam zu Pieter. „Jetzt kümmern wir uns erst mal um die Shettys."

Sie winkt Lynn, Greta und Ella zu sich, die gerade von ihrem Ausflug zurückkehren und sich mit den störrischen Alpakas abmühen. Auch Pia und Bine schlendern aus dem Internat herbei. Von der großen Wiese kommen Rocco, Ben und Lorenz und noch eine Handvoll Mädchen und Jungs über den Sport-

platz herbeigerannt. Sie haben anscheinend Fußball gespielt, alle sind verschwitzt und ziemlich schmutzig.
Harvey taucht mit zwei Hühnern im Schlepptau auf.
„Na, Harvey, muss deine Gackertruppe auch zur Zahnreinigung?“, kichert Bine.
„Ich finde, die beiden sehen aus wie Harveys Bodyguards“, sagt Pia.
Harvey schmunzelt bloß und bückt sich nach seinen gefiederten Freunden. Ein Huhn ist schneeweiß mit einem einzelnen schwarzen Federstrich auf dem Flügel, das andere rötlich braun mit einer flauschigen Federhaube. Zärtlich streicht er mit der Hand über ihr Gefieder. Sein Daumen gleitet sanft über ihren Rücken, als würde er sie lesen wie eine Blindenschrift aus weichen Federn. Die zwei Hühner bleiben dicht bei ihm, zupfen gelegentlich sanft an seinem Hosenbein, als würden sie ihn lenken.
„Du bist wirklich ein cooler Hühnerflüsterer, Harvey“, sagt Lynn anerkennend.
Es ist kein Geheimnis, dass Harvey und seine Hühner unzertrennlich sind. Sie folgen

ihm überallhin – als wären sie nicht einfach nur Tiere, sondern wirklich seine stillen Beschützer.

„Komm, Pünktchen. Du auch, Flocke.“ Harvey klopft auf seine Oberschenkel, und tatsächlich: Die weiße Henne flattert kurz mit den Flügeln und springt auf seinen Arm, während die andere sich an sein Bein drückt.

„Wie machst du das bloß?“, fragt Lorenz kopfschüttelnd.

Harvey zuckt nur mit den Schultern. „Ich hör sie. Und sie hören mich.“ Er hebt den Kopf leicht, als würde er den feinen Krallen der weißen Henne auf seiner Haut nachspüren. Sein Blick ist voller Zärtlichkeit, als er über die Hühner spricht. „Sie wissen, dass ich sie kaum sehen kann. Aber sie bleiben trotzdem bei mir.“

Anni beobachtet die Szene mit einem warmen Gefühl in der Brust. Harvey und seine Hühner – das ist mehr als bloße Tierliebe. Es ist Vertrauen. Ein Band, das stärker ist als Worte.

Nun folgen alle dem Tierarzt in den Stall, wo die kleinen Shetlandponys bereits ungeduldig mit den Hufen scharren. Der Tierarzt, ein freundlicher Mann mit wettergegerbtem Gesicht und ruhiger Stimme, öffnet seine Tasche und holt eine spezielle Maulsperre hervor.

„Zähne sind für Pferde genauso wichtig wie für uns“, erklärt er, während er einem der Shettys über die Nüstern streicht. „Wenn sie nicht regelmäßig kontrolliert und gepflegt werden, kann es zu schmerzhaften Haken und Kanten an den Zähnen kommen, die das Fressen schwer machen."

Alle drängen sich näher, um genau zu sehen, was der Tierarzt tut.

„Aber Pferde kauen doch den ganzen Tag – schleifen sich die Zähne nicht von selbst ab?", fragt Greta.

Der Tierarzt lächelt. „Theoretisch ja, aber bei unseren Hauspferden ist das Futter oft weicher als das, was Wildpferde fressen. Deshalb kann es passieren, dass sich die Zähne nicht gleichmäßig abnutzen."

Er setzt die Maulsperre vorsichtig ein und öffnet das Maul des Shettys, sodass man einen Blick auf die Backenzähne werfen kann. „Seht ihr?", fragt er und leuchtet mit einer kleinen Lampe hinein. „Diese Kante hier ist zu scharf. Ich werde sie jetzt vorsichtig abschleifen."

Er nimmt eine spezielle Feile aus seiner Tasche und beginnt sanft, die Unebenheiten zu glätten. Das Pony zuckt kurz mit den Ohren, bleibt aber ruhig, während der Tierarzt konzentriert arbeitet.

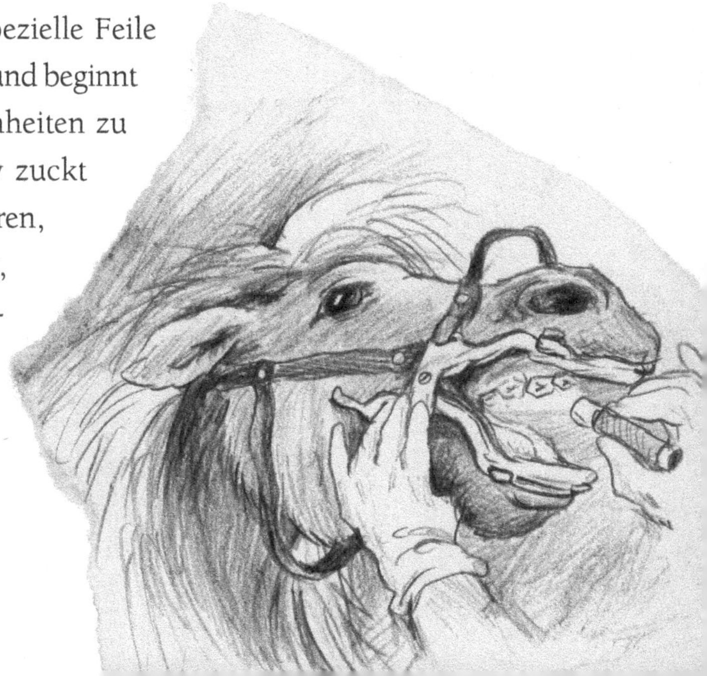

„Tut das weh?“, fragt Bine.
„Nein, wenn es richtig gemacht wird, nicht“, beruhigt der Tierarzt sie. „Es fühlt sich für das Pony zwar ungewohnt an, aber nach der Behandlung wird es viel besser fressen können.“
Anni und Lorenz stehen nebeneinander und sehen dem Arzt fasziniert zu. Nach ein paar Minuten nimmt er die Maulsperre wieder heraus und krault das Pony am Hals.
„So, das war's für dich, mein Kleiner. Du hast das prima gemacht.“
Anni drückt sich erleichtert gegen Lorenz' Arm, als das Shetty entspannt zu kauen beginnt und zufrieden mit dem Schweif wackelt.
„Puh“, seufzt sie.
„Ist doch alles gut gegangen“, beruhigt Lorenz sie. Und dann flüstert er ihr leise zu: „Heute riechst übrigens du wie Ponyherz.“
Anni lächelt ihn an.

Anni sitzt an ihrem großen Schreibtisch, der vor dem geöffneten Fenster steht. Die warme Luft streicht über ihre Wangen und trägt den würzigen Duft des Waldes herein. Vor ihr liegt ihr Tagebuch, aufgeschlagen auf einer Decke mit kleinem Blümchenmuster, die sie über den Tisch gelegt hat. Sie beißt vom Keks ab und greift dann wieder zum Stift.

Mein lieber Ponyherz,

ich muss dir unbedingt
schreiben, denn ich
habe etwas erlebt,
das mir keine Ruhe lässt.
Es geht um Melli, irgendwas
stimmt nicht mit ihr.

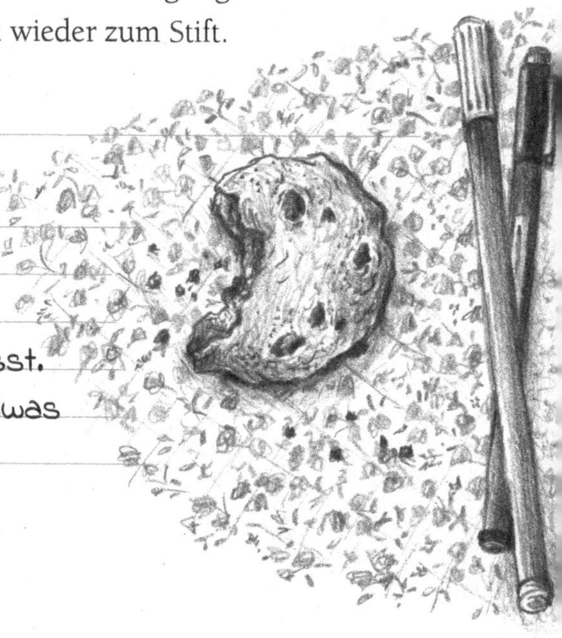

Erinnerst du dich, dass ich sie im Wald gesehen habe? Sie saß ganz allein da, mit diesem schwarzen Päckchen auf dem Schoß. Darin waren ein schwarzes Basecap und ein Brief, der sie anscheinend total durcheinandergebracht hat. Sie hat ihre pinke Beanie weggeworfen, die sie immer trägt, hat sich das schwarze Cap aufgesetzt und ist einfach davongerannt. Es war, als würde sie vor etwas fliehen. Seitdem geht sie mir nicht mehr aus dem Kopf.

Und weißt du, was das Merkwürdigste ist? Seit drei Tagen kommt Melli nicht mehr zum Unterricht. Keiner weiß genau, was mit ihr ist. Zahnschmerzen können es nicht sein, das ist eine dumme Ausrede, die ihr niemand glaubt. Sie hat irgendetwas, das ihr richtig wehtut. Nein, keine echte Krankheit wie Grippe oder Ziegenpeter. Es muss mit dem Brief und dem Basecap zusammenhängen, anders kann es gar nicht sein.

Warum nur mache ich mir überhaupt Gedanken um sie? Sie ist fast immer gemein zu mir und tut so, als wäre sie etwas Besseres. Aber trotzdem ...

Was würdest du tun, Ponyherz? Ich wünschte,
ich könnte auf der Stelle mit dir ausreiten und
den Kopf freibekommen. Ich wünschte, du
würdest mir sagen, was richtig ist. Soll ich
Melli in Ruhe lassen? Oder soll ich versuchen,
ihr zu helfen, auch wenn sie das vielleicht gar
nicht will?
Ich vermisse dich so sehr, mein süßes, schönes
Wildpferd. Ich hoffe, wir sehen uns bald wieder.
Ich muss dich einfach wieder in die Arme
schließen. Sonst werde ich noch ganz verrückt.
Ich schicke dir einen dicken Kuss

Deine Anni

Seufzend legt Anni den Filzstift zur Seite und nimmt ihren weichen Zeichenstift aus dem Federmäppchen. Sie zeichnet die Szene im Wald aus dem Gedächtnis auf und plötzlich tut ihr Melli unglaublich leid.

PS: Ponyherz, schreibt sie unter die Zeichnung.
Ich muss herausfinden, was in dem Brief stand.
Unbedingt.

„Unbedingt!“, ruft sie laut.
„Häh? Mit wem redest du denn da?“ Lynn ist unbemerkt ins Zimmer gekommen und nähert sich Annis Schreibtisch.
Schnell klappt Anni ihr Tagebuch zu.
„Entspann dich!“ Lynn klingt genervt. „Ich lese dir schon nichts

weg aus deinem supergeheimen Tagebuch." Sie schaut sich suchend um. „Hier ist doch niemand oder führst du Selbstgespräche?"

Anni steckt das Tagebuch in ihren Rucksack und räumt die Malsachen weg.

„So ähnlich", antwortet sie verlegen. „Nichts Wichtiges." Sie sieht Lynn an, dass diese ihr nicht so recht glaubt.

„Solange du nachts die Klappe hältst und mich schlafen lässt, stelle ich keine weiteren Fragen", meint Lynn grinsend. „Ich bin hier, um dir Bescheid zu sagen, dass Sam und Pieter mit uns im Rittersaal reden wollen. Ich habe keine Ahnung, um was es geht. Hörte sich aber wichtig an."

Anni runzelt die Stirn. „Nur mit uns beiden?"

Lynn schüttelt den Kopf. „Quatsch. Mit allen. Irgendeine Ankündigung, vielleicht wegen der Lipizzaner. Gleich wissen wir mehr." Sie macht eine auffordernde Handbewegung.

Eilig schlüpft Anni in ihre Sandalen und folgt Lynn ins Treppenhaus.

Als Anni und Lynn in den Rittersaal kommen, sind alle anderen bereits dort versammelt. Nur Melli scheint mal wieder zu fehlen, Anni kann sie nirgends entdecken. Die Rangerin Sam und der Pferdeflüsterer Pieter stehen vorne und sehen mit ernsten Mienen in die Runde. Anni spürt ein seltsames Unbehagen in ihrem Bauch und das hat nichts mit Mellis Abwesenheit zu tun. Irgendetwas liegt in der Luft.

Sam hebt die Hand, um für Aufmerksamkeit zu sorgen. Sofort verstummen die leisen Gespräche.

„Wir haben euch alle hier zusammengerufen, weil wir im Wald auf eine Wolfsspur gestoßen sind", beginnt sie ohne Umschweife.

Ein Raunen geht durch die Gruppe.

Pia reißt die Augen auf. „Ein echter Wolf?"

„Ja", bestätigt Pieter mit seiner ruhigen Stimme. „Die Spuren sind frisch, der Wolf hält sich vermutlich in der Nähe auf."

„Was heißt das jetzt für uns?", fragt Lorenz, die Stirn gerunzelt.

„Das heißt", erklärt Sam, „dass ihr in Zukunft besonders vorsichtig sein müsst, wenn ihr im Wald unterwegs seid. Es ist nicht ungewöhnlich, dass Wölfe durch dieses Gebiet streifen. Aber wir wollen sichergehen, dass niemand von euch in Gefahr gerät."

„Müssen wir uns vor ihm fürchten?", fragt Greta ängstlich.

„Nein", beruhigt Pieter sie. „Wölfe meiden normalerweise Menschen. Doch ihr solltet einige Regeln beachten: Geht nicht allein und ohne Erlaubnis in den Wald. Und wenn ihr im Wald seid – bleibt auf den Wegen, macht euch bemerkbar. Der Wolf wird sich dann zurückziehen."

Nachdem der erste Schock verdaut ist, prasseln jede Menge Fragen auf Sam und Pieter ein. Anni hört nur noch mit halbem Ohr zu. Ihre Gedanken sind längst woanders. Wenn ein Wolf in der Nähe ist – was bedeutet das für Ponyherz und die Wildpferdherde? Sie sieht vor ihrem inneren Auge das scheue Wildpferd, wie es über die Lichtung galoppiert. Was, wenn der Wolf eine Gefahr für die Herde darstellt? Unruhig rutscht sie auf ihrem Stuhl hin und her. Soll sie Pieter oder Sam danach fragen? Oder würde sie dann Verdacht erregen? Die beiden wissen zwar, dass die Wildpferdherde im Wald wohnt, aber sie ahnen nichts von Annis Freundschaft mit Ponyherz.

„Anni?", fragt Lorenz leise neben ihr. „Alles okay?"

Anni zuckt zusammen. „Ja, klar", murmelt sie. Aber in Wirklichkeit fühlt sie sich alles andere als okay.

Lorenz mustert sie einen Moment lang, dann legt er vorsichtig seine Hand auf ihren Unterarm. „Du bist ganz blass“, sagt er leise. „Mach dir nicht zu viele Gedanken, ja? Ich weiß, an wen du denkst. Aber Wildpferde lassen sich auf keine Auseinandersetzung mit Wölfen ein und es sind keine Neugeborenen in der Herde. Also ist niemand in Gefahr.“

Anni spürt die Wärme seiner Hand, die sanfte Berührung beruhigt sie ein wenig. Sie sieht ihn an, in seinen dunklen Augen liegt ehrliche Sorge. Für einen Moment vergisst sie die Unruhe im Raum, das aufgeregte Gemurmel.

„Danke“, flüstert sie. Es ist schön, dass Lorenz da ist und er sie versteht, ohne dass sie viel sagen muss.

Lorenz lächelt und drückt kurz ihren Arm, bevor er seine Hand wieder zurückzieht. Doch seine Wärme spürt Anni trotzdem noch und es fühlt sich gut an.

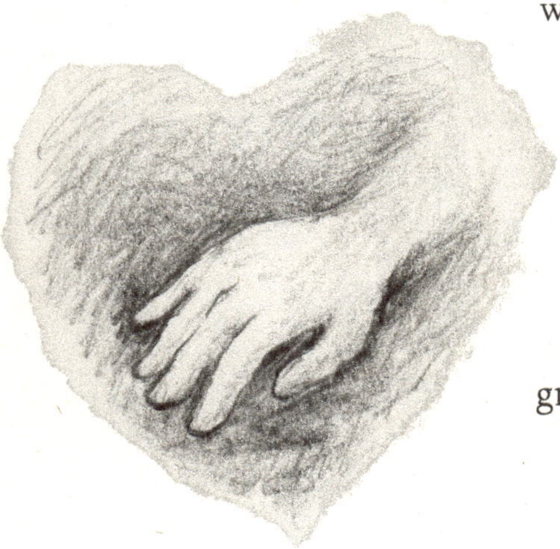

„Oh, là, là, was geht denn bei euch ab?“ Bine grinst Anni und Lorenz frech an. Sie sitzt vor ihnen in der Stuhlreihe und hat sich zu ihnen umgedreht. „Romantisches Getuschel? Soll ich euch allein lassen?"

Anni verdreht die Augen. „Träum weiter!", schnaubt sie aufgebracht wie Ponyherz und auch Lorenz guckt komisch.

„Ach ja?" Bine zieht eine Augenbraue hoch. „So, wie ihr euch angesehen habt, hätte man denken können, dass ihr euch gerade eine Liebeserklärung zugeflüstert habt."

In diesem Moment nicken Sam und Pieter freundlich in die Runde.

„Wenn ihr noch Fragen habt, könnt ihr jederzeit zu uns kommen", sagt Sam. „Ihr braucht euch aber wirklich keine Sorgen machen."

Sam und Pieter verlassen den Rittersaal und auch die Schülerinnen und Schüler zerstreuen sich murmelnd und tuschelnd wieder in alle Richtungen. Anni will sich schnell in ihr Zimmer verziehen, aber Bine hält sie am Ellbogen fest.

„Also, was läuft da zwischen dir und Lorenz?", drängelt sie.

Da kommt Anni eine Idee, wie sie Bine von sich ablenken kann.

„Sag mal, was ist eigentlich mit Melli? Geht es ihr besser?"

Bine lässt Anni los und verschränkt die Arme vor der Brust.

„Tja, wenn du es genau wissen willst … ich hab ein bisschen nachgeforscht."

Anni beugt sich interessiert zu ihr. „Du meinst, geschnüffelt?"

Bine rollt mit den Augen und senkt die Stimme. „Also, Melli hat ja einen Zwillingsbruder, um den sie ein riesiges Geheimnis macht."

Anni nickt ungeduldig. „Weiß ich doch längst, Rafael. Und sonst? War das alles?"

Bine lächelt überlegen. „Ich kann dir verraten, dass sie ihn Raffi nennt und er drei Minuten älter ist als sie. Und das Basecap, das Melli jetzt ständig trägt, gehört eigentlich ihm. Er hat ihr einen Brief geschickt, seither ist sie völlig durch den Wind."

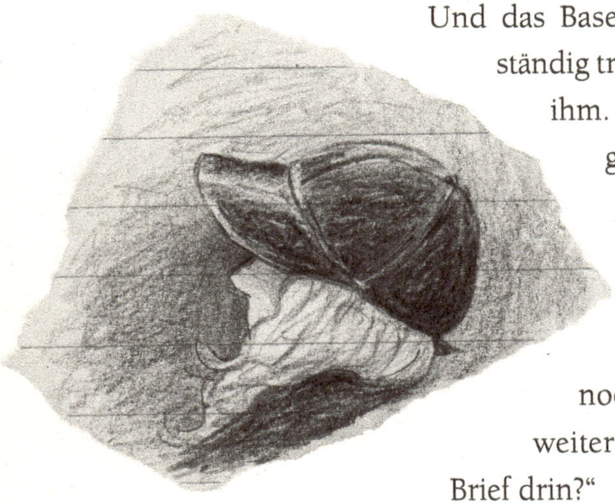

Jetzt kann Anni ihre Neugier kaum noch zügeln. „Ja, und weiter? Was steht in dem Brief drin?"

Bine macht eine entrüstete Handbewegung. „Noch nie was von Briefgeheimnis gehört? Keine Ahnung. Aber irgendwas Schlimmes muss dieser Raffi geschrieben haben. Sonst hätte sie nicht seit drei Tagen fast neununddreißig Grad Fieber."

Anni schnappt erschrocken nach Luft. „Das hört sich wirklich gefährlich an.“ Einen Moment überlegt sie. Dann sieht sie Bine fest an. „Meinst du nicht, dass wir Melli helfen sollten? Du musst herausfinden, was in dem Brief steht. Seit wann interessiert dich irgendein Briefgeheimnis?“

Die Aufregung des Tages lässt Anni nicht so schnell los und ihre Gedanken kommen einfach nicht zur Ruhe. Eigentlich würde sie am liebsten zu Ponyherz laufen und ihm erzählen, dass ein Wolf im Wald unterwegs ist. Aber vielleicht haben die schlauen Wildpferde das auch schon längst selbst gewittert? Anni würde Ponyherz und seine Herde so gerne beschützen. Nur wie soll sie das anstellen?

Lynn geht mit den Neuigkeiten ganz anders um. „Ich bin vielleicht kaputt“, gähnt sie, als sie vom Zähneputzen aus dem Bad kommt. „Ich hab mir die halbe Zahncreme durch das Gesicht geschmiert, weil ich die Augen nicht mehr offen halten konnte.“ Sie lässt sich erschöpft auf ihr Bett plumpsen. „Hoffentlich ist der Tag morgen entspannter. Sam hat mir verraten, dass die Lipizzaner endlich ankommen sollen. Ich freue mich schon total auf sie. Und wenn Melli morgen immer noch krank ist, gibt es auch keine Fotostory, mit der sie die Vierbeiner erschrecken kann."

Anni zuckt mit den Achseln. „Wer weiß. Wenn sie von den Lipizzanern hört, wird sie vielleicht ganz schnell wieder fit."

Lynn rollt die Augen. „Bloß nicht. Unterricht ohne Melli ist wie große Ferien. Schaltest du bitte das Licht aus?" Sie rollt sich zur Seite, klemmt sich das Kopfkissen unter den Arm und schläft auf der Stelle ein.

Anni seufzt tief. Von Müdigkeit ist sie meilenweit entfernt. Sie knipst ihre kleine Nachtlampe an und macht das Zimmerlicht aus. Auch nach dem Zähneputzen ist an Schlaf nicht zu denken. Schließlich steht sie wieder auf und schaut aus dem Fenster. In zwei Tagen ist Vollmond, aber der Mond leuchtet schon heute Abend hell in ihr Zimmer. Irgendwo da draußen ist Ponyherz. Und der Wolf. Ob Ponyherz seine Herde beschützt? Die jungen Tiere haben sicher noch keine Erfahrung mit Gefahren gemacht. Aber Ponyherz hat bereits in Groß Hottendorf schlimme Erlebnisse überstanden. Also wird er sicher auch dieses Mal das Richtige tun.

Anni holt ihr Zeichenheft hervor und blättert es durch.

*Ach, mein Ponyherz. Wir haben schon so wunderbare Abenteuer erlebt. Und alle sind sie gut ausgegangen.*

Dann schaut Anni hinüber zu Lynn. Ihre Freundin schläft tief und fest, nur ab und zu schnarcht sie leise. Anni kichert in sich

hinein. Lynn hört sich an wie Annis Meerschweinchen, die jetzt ihr Bruder Lars versorgt.

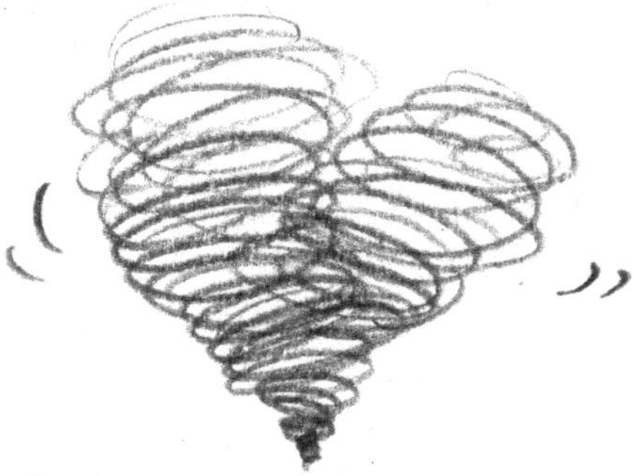

Sie greift nach ihrem Zeichenstift und macht es sich auf ihrem Bett gemütlich. Damit Lynn nicht doch wach wird, legt sie ein Tuch über das Nachtlicht. Es tut gut, im gedimmten Schein der Lampe alles aufzuzeichnen, was an diesem Tag passiert ist. Als sie Ella, Greta und Lynn mit den störrischen Alpakas zu Papier bringt, muss Anni so lachen, dass sie sich ihren Kissenzipfel in den Mund stopft, damit sie Lynn nicht aufweckt. Die Szene mit den Shettys wird eher niedlich.

*So ein Bild male ich morgen noch mal extra für Lars*, denkt Anni. *Ich muss mich ja noch für seinen süßen Brief bedanken.*

Der Brief erinnert Anni wieder an Melli und sie beschließt, Lorenz am nächsten Tag in die Sache mit Melli einzuweihen.

„Weißt du was, Ponyherz", flüstert sie. „Ich bin vermutlich doch ein wenig eifersüchtig, dass Lorenz Pinkie so oft in Schutz nimmt. Das ist ganz schön doof von mir, oder?"

Sie malt Ponyherz, wie er wiehernd nickt und dabei das Maul verzieht, als würde er sie ein wenig spöttisch angrinsen.

„Jetzt sei nicht gemein zu mir!“, ruft Anni und schlägt sich im selben Moment erschrocken die Hand vor den Mund.
„Was'n los?“, murmelt Lynn und blinzelt verschlafen zu ihr rüber.
„'tschuldigung“, flüstert Anni. „Schlaf schnell weiter, Süße.“
Lynn dreht sich auf den Bauch und vergräbt ihren Kopf in ihr Kissen. „Du aber auch“, brummelt sie. Und dann schnarcht sie schon wieder unüberhörbar.
Anni atmet erleichtert auf. „Ich bin echt doof“, flüstert sie ihrem gezeichneten Ponyherz zu. Sie scribbelt noch ein paar weitere Tiere aus seiner Herde, bis sie irgendwann gähnen muss und sich müde die Augen reibt.
Anni schleicht zum Schrank, um das Zeichenheft wieder sorgfältig zu verstauen. Sie blickt durchs Fenster. Die Bäume werfen lange Schatten im Mondlicht. Plötzlich sieht sie aus dem Augenwinkel einen Schatten über den Hof Richtung Wald huschen.
*Der Wolf!*, ist ihr allererster Gedanke.
*Unsinn.* Sam hat ihnen doch versichert, dass sich das scheue Tier auf keinen Fall dem Internatsgelände nähern wird. Ob jemand von den Lehrern da draußen unterwegs ist? Vielleicht dreht Sam eine nächtliche Runde, um sich zu vergewissern, dass alles okay ist? Anni schaut auf ihre Uhr. Es ist schon kurz nach Mitternacht, da wird auch Sam längst in den Federn liegen.

Angestrengt schaut sie wieder hinaus. Im selben Moment huscht erneut jemand über den Hof, diesmal auf das Haus zu. Und nun ist sich Anni sicher: Es ist Melli.
Vor Aufregung klopft Annis Herz ganz laut. Was um aller Welt hat Pinkie mitten in der Nacht allein im Wald gemacht? Morgen muss Anni unbedingt Nachforschungen anstellen.

Mein lieber Ponyherz!

Jetzt muss ich dir wirklich dringend schreiben. Dafür bin ich heute sogar eine Stunde früher aufgestanden. Lynn schläft noch tief und fest. Die kann wirklich immer schlafen, egal was passiert.
Vor Kurzem haben wir ja erfahren, dass vermutlich ein Wolf im Wald herumstromert. Seither wache ich mindestens zweimal in der Nacht auf, weil ich mir solche Sorgen um dich mache. Vorgestern Nachmittag habe ich extra den Stalldienst mit Pia getauscht, um dich besuchen zu können. Aber dann kam endlich der

Transporter mit den Lipizzanern vom Pferdeflüstererhof und da war an einen heimlichen Ausflug in den Wald nicht mehr zu denken. Immerhin hat uns Sam beruhigt – sie haben keine frischen Wolfsspuren in der Umgebung gefunden. Vielleicht hat der Graubart es sich ja überlegt und ist weitergezogen. Da würde mir ein riesengroßer Stein vom Herzen fallen. Aber bitte, pass weiterhin sehr gut auf, versprich mir das.

Melli ist auch wieder „gesund". Ich glaube ja nach wie vor nicht, dass sie in echt krank war. Wobei ich auch nicht finde, dass sie wirklich fit aussieht. Sie ist sehr blass und hat dunkle

Schatten um die Augen. Eigentlich sieht sie aus wie ich damals, als ich herausgefunden habe, dass du mit deiner neuen Herde fortgezogen bist. Also supertraurig! Zickig ist sie aber immer noch. Bine konnte es sich nicht verkneifen, Melli ihr neues schwarzes Basecap aus Spaß vom Kopf zu kicken. Du hättest sehen müssen, wie Melli ausgerastet ist. Sie hat total gebrüllt und Bines Mittagessen vom Tisch gefegt. Das war sogar der netten Frau Lachner zu viel. Sie hat Melli kurzerhand aus dem Speisesaal geworfen und auf ihr Zimmer geschickt. Mit Bine hat sie auch geschimpft. Ich habe aber gesehen, wie sie Melli später eine Schüssel Milchreis mit Erdbeeren hinaufgebracht hat. Ich sage dir, Frau Lachner ist viel zu gutmütig.

Jedenfalls geht es so nicht weiter. Wir müssen herausfinden, was mit Melli los ist, und ihr irgendwie helfen. Genau, du hast ganz richtig gelesen: WIR. Denn du hilfst mir doch bestimmt?

So, mein allerliebster Schatz. Ich werde alles dafür tun, dass wir uns so schnell wie möglich wiedersehen. Ich muss auch dringend wieder mit dir ausreiten, das fehlt mir so sehr. Wenn ich die Augen schließe und tief Luft hole, kann ich dich erschnuppern. Das ist verrückt und schön zugleich.
Alles Liebe

Deine allerallerallerbeste Freundin Anni

Anni packt ihr Tagebuch weg und beginnt mit der Shettys-Zeichnung für ihren Bruder. Keine Sekunde zu früh, denn gerade wacht Lynn auf.
„Anni, was machst du denn so früh? Schreibst du schon wieder Tagebuch?"
Sie hört sich fast ein wenig genervt an. Auch wenn die beiden sich darauf geeinigt haben, dass Lynn Anni nicht mehr wegen ihres Tagebuchs löchert, ist Lynn immer noch ein wenig eifersüchtig auf ihr geheimes Buch. Völlig albern.
„Blödsinn. Ich male für Lars die Shettys. Wollte ich längst schon machen." Anni wedelt mit dem Blatt Papier.

„Ach so." Lynn klingt beruhigt. „Finde ich voll süß von dir. Schade, dass ich so gar nicht zeichnen kann. Aber mal was ganz anderes: Hast du gestern die Fragen für Mister Grant beantwortet, über das englische Königshaus? Habe ich voll vergessen."
Anni holt ihre Englischsachen aus dem Schulrucksack. „Kein Problem. Kannst gerne abschreiben. Mir hat Pia geholfen, sie kennt sich natürlich aus mit Prinzen und Prinzessinnen."

Lynn wirft ihr eine Kusshand zu und hüpft aus dem Bett. „Du bist die beste Freundin ever!“, ruft sie und schnappt sich das Heft.

Gerade als die Frühstücksglocke klingelt, sind Anni und Lynn mit ihrer Zeichnung und ihren Englisch-Hausaufgaben fertig und machen sich auf den Weg nach unten.
Als Allerletzte trödelt Melli in den Rittersaal und setzt sich an den Nebentisch zu Ella und Greta.
„Oh, Miss Vampi ist auch aus dem Bett gefallen“, lästert Bine. Offensichtlich hat sie sich vorgenommen, Melli zur Weißglut zu bringen. Anni kann sich denken, warum. Vermutlich ist es Bine weder gelungen, etwas über den Inhalt des geheimnisvollen Briefes herauszufinden, noch hat Melli ihr freiwillig ihren Kummer anvertraut.
„Miss Vampi?“, fragt Ella verständnislos. „Was soll das denn heißen?“
Bine verdreht die Augen. „Stehst du auf dem Schlauch, oder was? Guck dir Melli doch mal an. So bleich, als hätte sie ein Vampir gebissen.“
Lorenz runzelt die Stirn. „Ich finde dein Gequatsche ziemlich fies, Bine.“

Melli lächelt Lorenz an. „Danke, echt nett von dir. Aber ich komme schon klar. Bine ist mir so was von egal."
Anni spürt einen Stich in ihrer Brust. Seit Tagen hat Melli zum ersten Mal gelächelt. Ausgerechnet wegen Lorenz.
Harvey häuft sich Müsli in eine Schale und mischt es mit Joghurt. Trotz seiner Sehschwäche macht er das äußerst geschickt.
„Leute, Aussehen wird so was von überbewertet", sagt er gelassen. „Melli war krank. Da ist es kein Wunder, dass sie blass ist. Lorenz hat völlig recht, du solltest sie in Ruhe lassen, Bine."
Bine springt auf. „Nee, oder? Die Jungs nehmen Melli in Schutz, als wäre sie das Opfer. Dabei lästert sie seit dem ersten Schultag über alles und jeden. Ich hab echt keinen Hunger mehr." Sie stürmt davon.
Melli sieht ihr spöttisch hinterher.
„Kein Grund, dich zu freuen, Melli", sagt Anni gereizt. Sie will noch mehr sagen, aber Lynn tritt ihr auf den Fuß.
„Habt ihr Englisch gemacht?", fragt Lynn schnell in die Runde. „Die Aufgabe zum englischen Königshaus war echt blöd. Es gibt wirklich interessantere Themen. Ich glaube, Mister Grant ist in Prinzessin Catherine verliebt."

Pia wiehert auf wie Ponyherz, wenn er Spaß hat. „Wir sollten ihn später mal fragen. Wer traut sich?"
Harvey hebt die Hand. „Kann ich machen, kein Problem."

Harvey ist wirklich cool, kann Lynn später nicht oft genug sagen. Er hat mit Müsliflocken auf einem Teller ein großes Herz geformt und mit einem wasserlöslichen Stift *With Love from Kate* in die Mitte geschrieben. Dafür hat er eine Lupe benutzt, weil er Buchstaben ja ganz schlecht sehen kann. Den Teller hat er dem Englischlehrer Mister Grant auf das Pult gestellt.
Tatsächlich ist der sonst so lässige Mister Grant knallrot geworden und die ganze Klasse hat total laut gelacht. Mister Grant musste schließlich sogar mitlachen.
Überhaupt ist Mister Grant heute besonders gut gelaunt und spuckt einen englischen Witz nach dem nächsten aus. Allerdings versteht Anni nur die Hälfte, weil sie nicht richtig zuhört. Sie muss unbedingt mit Lorenz sprechen, am besten noch vor dem Mittagessen.
Endlich läutet es zum

Schulschluss. Lorenz und Anni springen gleichzeitig auf und Lorenz läuft mit eiligen Schritten aus dem Klassenzimmer.
„Warte!“, ruft Anni ihm hinterher und stopft ihr Federmäppchen und ihr Schreibheft schnell in ihre Tasche.
„Was ist denn los?“, fragt Lynn überrascht, die ihre Sachen ganz in Ruhe zusammenpackt.
Aber Anni hat keine Zeit zu antworten, sie muss sich Lorenz schnappen und heftet sich an seine Fersen. Doch vor lauter Eile rutscht ihr beim Laufen der Rucksack von der Schulter und einige Stifte fallen heraus.
*Typisch ich*, denkt Anni wütend. *Warum mache ich den Rucksack nie zu?*
Als Anni endlich das Schulgebäude verlässt, sieht sie Lorenz gerade in den Ställen verschwinden, anscheinend will er zu den Lipizzanern. Im Augenblick darf erst mal nur Lorenz zu ihnen, weil er sich am besten mit Pferden auskennt. Und natürlich Pieter und die Rangerin Sam. Anni findet das ein wenig ungerecht, schließlich ist sie inzwischen genauso ein Pferdeprofi wie Lorenz. Sie hat ja schon ewig Wildpferd-Erfahrung. Nur leider weiß das eben niemand außer Lorenz.
Anni schleicht sich in den Stall und verbirgt sich hinter einem breiten Holzbalken. Gespannt schaut sie zu, wie Lorenz sich den Tieren langsam nähert.
Toll macht er das. Das Fohlen India hat bereits seine Fellfarbe

gewechselt. Bei der Geburt sind Lipizzaner nämlich pechschwarz, aber India ist mittlerweile grau gescheckt. Lorenz bewegt sich von der Seite auf Capriola zu, damit die Stute keine Angst kriegt. Anni muss in sich hineinkichern, denn er hält einen halben Apfel in der Hand. Genau so hat sie das mit Ponyherz auch gemacht, als sie sich kennengelernt haben. Man merkt, dass Capriola den Apfel gerne haben möchte. Sie schnaubt neugierig, traut sich aber nicht, ihn Lorenz aus der Hand zu fressen.

*Fallen lassen, fallen lassen*, flüstert Anni lautlos.

Im selben Moment lässt Lorenz den Apfel tatsächlich fallen und Capriola senkt den Kopf, um daran zu schnuppern. Schließlich frisst sie den Apfel schmatzend auf.

„Brav", sagt Lorenz sanft. „Lass es dir schmecken."

Capriola hebt den Kopf wieder und stupst Lorenz ungestüm gegen die Schulter. Überrumpelt plumpst Lorenz auf seinen Po und hat Glück, dass er auf einem Berg Stroh gelandet ist.

„Hoppla!", rutscht es Anni heraus und Capriola stößt ein kurzes Wiehern aus, das sich wie Lachen anhört.

„Anni?“ Lorenz rappelt sich überrascht auf. „Was machst du hier?“ Er zupft sich verlegen ein paar Strohhalme von der Hose und bewegt sich vorsichtig von Capriola weg, hinüber zu Anni. „Lass dich nicht von Pieter erwischen“, sagt er. „Du weißt, dass erst mal nur ich mit den Lipizzanern Kontakt aufnehmen soll.“
Anni zieht Lorenz aus dem Stall. „Notfall. Sorry“, sagt sie. „Ich wollte dich nicht beim Pferdeflüstern stören“, sie zwinkert ihm zu. „Sah schon echt gut aus. Aber ich muss dich dringend sprechen. Mit Melli stimmt etwas nicht.“
„Was soll mit ihr sein?“, fragt Lorenz. „Sie hat ihre pinke Beanie gegen ein stylishes schwarzes Käppi getauscht. Sieht deutlich besser aus. Gegen Bine kann sie sich auch durchsetzen. Ist doch alles okay so weit.“
Anni schüttelt ungeduldig den Kopf. „Das meine ich nicht. Das Käppi ist von Raffi, glaube ich. Seit er ihr ein Päckchen geschickt hat, macht sie ein Gesicht, als hätte sie ein Gespenst gesehen.“
Lorenz scheint nun gar nichts mehr zu kapieren. „Raffi?“, wiederholt er. „Wer ist das denn?“
Anni holt tief Luft. Der Junge hat echt nur Pferde im Kopf. „Rafael. Raffi. Ihr Zwillingsbruder.“
Lorenz guckt verdattert. „Dass sie einen Bruder hat, weiß ich. Aber was soll mit ihm sein? Frag Melli doch einfach, wo sie der Huf drückt.“
Anni schnaubt empört wie ein Wildpferd. „Auf gar keinen Fall,

da fang ich mir nur wieder eine schnippische Antwort ein. Vorschlag: Wir beschatten sie gemeinsam und versuchen rauszukriegen, was los ist. Und wenn sie in Schwierigkeiten steckt, können wir ja immer noch direkt mit ihr reden. Oder du redest mit ihr. Du hast ja anscheinend einen besseren Draht zu ihr. Okay?"

Lorenz zuckt mit den Achseln. „Aha?"

Anni wird plötzlich heiß. „Hast du", sagt sie ungewollt heftig. „Du scheinst sie ja besonders nett zu finden."

Nach der Unterhaltung mit Lorenz läuft Anni aufgewühlt über den Sportplatz.

„Aha?" Das war sein einziger Kommentar zu Annis Behauptung, dass er Melli nett findet. Und mit dem Basecap ist sie deutlich hübscher, hat er gesagt. „Aha?" Zwar hat er das Wort hübscher nicht ausgesprochen, aber genau das hat er bestimmt mit „stylish" gemeint.

„Ich hätte ihn nicht um Hilfe bitten sollen", murmelt Anni und bohrt ihre Schuhspitze in die Erde. „Und ich sollte mich sowieso gar nicht um Melli kümmern. Kann Lorenz ja genauso gut alleine machen. Warum beschäftigt es mich überhaupt, wie es Melli geht?"

Anni merkt, wie sich ihre Gedanken im Kreis drehen. Eigentlich gibt es nur eine einzige Möglichkeit, wieder ruhig zu werden. Und die heißt Ponyherz. Zwar hat sie Ella und Greta

versprochen, sie heute mit den Alpakas zu begleiten, aber auf nichts hätte sie gerade weniger Lust.
Anni schaut sich prüfend um, ob jemand in ihrer Nähe ist. Zum Glück ist die Luft rein. Also nichts wie weg zu den Wildpferden.

Als hätte Ponyherz es geahnt, kommt er ihr auf halber Strecke entgegen. Außer Atem bleibt Anni vor ihrem besten Freund stehen.
„Ponyherz, da bist du ja, mein Schatz."
Plötzlich kann sie die Tränen nicht mehr zurückhalten. Weinend fällt sie ihm um den Hals und erzählt schluchzend, was sie in den letzten Tagen erlebt hat.
„Glaubst du, Lorenz findet Melli mehr als nett? Du kennst ihn doch gut, fast besser als ich."
Ponyherz schnaubt leise und zuppelt an Annis Haaren. Es fühlt sich an, als wolle er sie beruhigen.
„Glaubst du, ich bin ganz grundlos eifersüchtig? Und warum bin ich überhaupt eifersüchtig? Ich könnte mich doch freuen, dass er sie nett findet", sprudelt es aus Anni heraus. Dann seufzt

sie aus tiefstem Herzen. „Ich bin mir sicher, du weißt die richtige Antwort, aber leider kann ich dich ja nicht verstehen. Ich versuche ja schon, deine Gedanken zu lesen, aber gerade ist mein Kopf wie vernebelt.“

Ponyherz schnaubt noch mal, jetzt etwas energischer, und beugt die Vorderläufe. Das ist ganz klar eine Aufforderung für Anni, auf seinen Rücken zu steigen.

„Du hast recht, Ponyherz“, sagt sie erleichtert. „Erst mal Kopf auslüften bei einem schnellen Ritt.“

Gerade wollen sie losreiten, da tauchen noch weitere Wildpferde aus Ponyherz’ Herde auf, auch die junge helle Stute, die Anni schon mehrmals gesehen hat.

„Sag mal“, kichert sie. „Ist das eigentlich deine Freundin? Hast du mir ja noch gar nicht vorgestellt. Ihr Jungs seid echt Heimlichtuer. Muss ich etwa schon wieder auf ein anderes Mädchen eifersüchtig sein?“

Ponyherz schnaubt erneut und wirft spielerisch den Kopf zurück, als hätte er genau verstanden, was Anni gerade gesagt hat. Dann prescht er los, mit kraftvollen, federnden Schritten, die den Wind um Annis Gesicht tanzen lassen. Sie spürt, wie die Anspannung von ihr abfällt, während sie sich im Rhythmus von Ponyherz' Bewegungen mittragen lässt.

Die anderen Wildpferde folgen ihnen. Die helle Stute bleibt dicht neben Ponyherz, als wolle sie zeigen, dass sie einen festen Platz an seiner Seite hat. Anni beobachtet die beiden und muss grinsen.

„Na schön, ich seh's ja ein. Ihr gehört zusammen."

Der Wald fliegt an ihnen vorbei, die Bäume rauschen wie ein grüner Tunnel. Anni atmet die frische Luft tief ein. Der Duft von Moos und feuchter Erde erfüllt ihre Lungen und endlich fühlt sie sich frei. Ihr Kopf wird klarer.

Nach einer Weile erreicht die kleine Herde eine Lichtung. Ponyherz verlangsamt das Tempo, bis er schließlich zum Stehen kommt. Anni lehnt sich nach vorne und krault ihn am Hals.

„Danke, Ponyherz", flüstert sie. „Das war genau das, was ich gebraucht habe."

Die anderen Wildpferde traben entspannt umher, während Anni von Ponyherz' Rücken rutscht und sich ins Gras setzt. Die Sonne wärmt ihr Gesicht und ein leiser Wind streicht durch die Lichtung. Jetzt, mit einem kühlen Kopf, sieht plötzlich alles ein bisschen weniger kompliziert aus. Sie beobachtet Ponyherz und die helle Stute, die sanft ihre Nüstern aneinander reiben.

„Okay, ich gebe zu, ihr seid süß zusammen“, murmelt sie. Dann lacht sie und vergräbt ihr Gesicht in Ponyherz’ Mähne.

Vielleicht ist das mit Lorenz und Melli ja gar nicht so schlimm, wie sie glaubt. Schließlich sind Lorenz und sie schon so lange beste Freunde und sie kann sich immer auf ihn verlassen. Dass er Melli nett findet, muss ja nicht mehr bedeuten als … dass er sie eben nett findet. So wie er auch Lynn nett findet und Rocco und Ben. Vielleicht ist Melli ja auch wirklich nett, wenn sie erst mal ihre raue Schale ablegt und wenn Anni dahinterkommt, was sie bedrückt und wie sie ihr am besten helfen kann.

Auf ihrem heimlichen Ausritt hat Anni wirklich neue Energie getankt. Sogar so sehr, dass sie vor Lynn die Augen zumacht – ein echtes Wunder – und die ganze Nacht durchschläft, obwohl immer noch Vollmond ist. Kein nächtliches Wachliegen, kein sehnsüchtiges Lauschen nach Ponyherz' Wiehern.

Als sie am nächsten Morgen ausgeruht in den Speisesaal schlendert und sich gut gelaunt eine Schale mit Müsli füllt, ahnt sie noch nicht, dass ihre Euphorie gleich einen ziemlichen Dämpfer bekommt.

Am Frühstückstisch erwartet sie eine Überraschung – und zwar in Form von Ella, Greta und Sam, die sie ernst begrüßen. Na toll. Das sieht nach Ärger aus.

„So, Anni", beginnt Ella ohne Umschweife, wie es ihre Art ist. „Jetzt hast du es echt geschafft, dich ewig vor dem Ausführen der Alpakas zu drücken. Immer hattest du schon was anderes vor." Sie deutet mit einer Kopfbewegung auf Greta. „Und wir? Wir durften uns ganz allein mit Yana und Yuri abmühen."

Greta nickt. „Und die beiden haben's faustdick hinter den Ohren! Gestern hat Yuri versucht, meine Mütze zu klauen, und Yana hat sich einfach mitten auf den Weg gelegt und keinen Millimeter mehr bewegt."

Anni öffnet den Mund, um irgendetwas zu sagen – eine Ausrede, eine Entschuldigung –, doch da meldet sich Sam zu Wort. „Du machst ja bisher immer super mit, Anni." Ihre Stimme ist freundlich, aber ihr Blick prüfend. „Gibt es etwas, das dich beschäftigt?"

Anni weiß nicht, was sie darauf antworten soll. „Nein, gar nicht.

Sam legt den Kopf schief und sieht sie sanft, aber bestimmt an. „Du weißt hoffentlich, dass du immer zu mir kommen kannst, wenn du Probleme hast." Dann setzt sie ihr typisches Alles-ist-ganz-harmlos-und-trotzdem-ist-es-nicht-verhandelbar-Lächeln auf und fügt hinzu: „Aber wenn wirklich alles in Ordnung ist, dann übernimm den Alpaka-Dienst doch gleich heute nach dem Mittagessen. Und zwar zusammen mit Melli. Die kann nach ihrer Krankheit frische Luft gut gebrauchen."

Annis gute Laune verzieht sich schneller als der Schokomuffin in Bines Händen. Die selbst gebackenen Muffins hat Frau Lachner heute spendiert, weil sie Geburtstag hat.

Melli. Ausgerechnet. Anni will zwar rauskriegen, was mit Melli los ist, aber einen ganzen Nachmittag allein mit ihr die Alpakas ausführen, das ist echt zu viel.

Sie setzt schon zu einem Protest an, aber Sam kommt ihr zuvor. Sie steht auf, klopft Anni kurz auf die Schulter und sagt mit einem verschwörerischen Zwinkern:

„Ihr zwei seid genau das richtige Gespann. Du wirst es sicher schaffen, Melli aufzuheitern. Sie wirkte in den letzten Tagen etwas bedrückt." Und damit dreht sie sich um und verschwindet Richtung Frühstücksbuffet, während Anni mit finsterem Blick in ihr Müsli starrt.

Na großartig. Das kann ja heiter werden. Irgendwie ist ihr der Appetit ziemlich vergangen.

„Hey, Anni, was guckst du denn so finster?", hakt Lorenz nach, der die Unterhaltung mitgekriegt hat. „Du kommst doch super klar mit den Alpakas, so als Pferdeflüsterin." Er lächelt sie aufmunternd an. „Sind ja fast wie Pferde, nur ein wenig sturer."

Anni schnaubt wieder einmal in Ponyherz-Manier. „Die Alpakas sind ja auch nicht das Problem. Kannst du dir doch denken."

Lorenz mustert Anni einen Moment, dann grinst er. „Weißt du, vielleicht ist das gar nicht so übel."

Anni verdreht die Augen. „Oh doch, das ist es. Du weißt genau, Melli und ich … wir sind jetzt nicht gerade das Dream-Team."

„Schon", gibt Lorenz zu. Er senkt die Stimme. „Aber das ist doch die Gelegenheit, endlich mit ihr zu reden."

Anni seufzt und stochert in ihrem Müsli. „Kann sein", murmelt sie schließlich.

„Na also." Lorenz lehnt sich entspannt zurück. „Wenn ihr zu zweit mit den Alpakas unterwegs seid, kann sie dir ja nicht weglaufen. Und wenn sie doch versucht, sich rauszuwinden – dann hilft vielleicht ein kleiner Stupser von Yuri."

Anni muss unwillkürlich grinsen. Lorenz ist wirklich unmöglich. Aber er hat auch recht. Vielleicht ist das tatsächlich eine Chance, Melli endlich auf ihre Traurigkeit anzusprechen.

„Du schaffst das", sagt er und schiebt seinen Muffin zu ihr rüber. „Weil du alles schaffst, was du dir vornimmst."

Nach dem Mittagessen schlurft Anni lustlos zu den Ställen. Lorenz holt sie auf ihrem Weg ein und nimmt sie einfach in den Arm.

„Hey, Kopf hoch. Ich wette, das wird richtig fun!" Lachend läuft er hinüber zum Sportplatz. Dort ist er zum Fußballspielen verabredet und Anni beneidet ihn dafür glühend.

Zu ihrer Überraschung ist Melli schon im Stall, zusammen mit Sam. Die beiden Alpakas tragen bereits Halfter, das war bestimmt Sams Werk.

„Ich dachte, ich helfe euch ein wenig, ihr seid ja noch nicht eingespielt miteinander", sagt Sam.

Anni lächelt die Rangerin dankbar an. Sam ist wirklich toll. Melli steht mit hängenden Schultern neben Yuri, der sich gerade den Kopf an einem Heuballen schubbert, während Yana mit einem ungeduldigen Schnauben das Heu in der Ecke umherwirbelt.

„Okay, Melli, Anni – wir machen das in aller Ruhe. Ihr wisst bereits, dass Alpakas keine Esel sind, die einfach hinter einem hertrotten."

Melli schaut skeptisch zu, als Sam nach Yanas Halfter greift und es Anni in die Hand drückt. „Geduld ist alles", sagt Sam und Anni zieht vorsichtig an der Leine.

Yana dreht sich sofort um und geht nicht einen Schritt aus der Box.

Sam schmunzelt. „Das ist wie ein Kräftemessen bei Teenagern. Zeig ihr, dass du sie magst und ihr vertraust." Sie wendet sich Melli zu. „Jetzt du. Trau dich einfach."

Melli zögert, dann nimmt sie vorsichtig die Leine von Yuri. Das große Alpaka schaut sie an, wendet sich dann abrupt ab und trottet in die andere Richtung.

„Glaubt mir, sie machen das nur, um zu testen, wie weit sie bei euch gehen können", sagt Sam lachend.

Melli zieht an der Leine und plötzlich folgt Yuri ihr wie selbstverständlich. Auch Anni leitet Yana sanft

in die gewünschte Richtung. Nach ein paar weiteren Versuchen schaffen es die beiden, die Alpakas auf den Hof zu bringen.
„Na, war doch nicht so schwer", sagt Sam, als sie nach ein paar weiteren Stopps am Tor angekommen sind. „Alpakas sind eben nicht wie Hunde. Aber wenn man ihnen den Raum lässt, dann folgen sie einem irgendwann."
Anni schaut zufrieden auf Yana, die jetzt ruhig an ihrer Seite steht. „Braves Mädchen", lobt sie. Aber anders als bei Ponyherz, dem sie spätestens jetzt um den Hals gefallen wäre, bleibt sie auf Abstand. Alpakas mögen es nicht, wenn man ihnen zu nahe kommt, und spucken womöglich sogar.
Jetzt verlassen Anni und Melli mit den Alpakas den Hof. Die ersten Schritte funktionieren überraschend gut und Sam, die ihnen noch eine Weile nachgeschaut hat, verschwindet schließlich in den Stall. Aber sobald sie weit genug vom Internat entfernt sind, lässt Melli Yuris Leine fallen.
„Das ist mir zu blöd. Das ist ja schlimmer als Babysitting." Sie stapft schweigend voran, die Arme vor der Brust verschränkt, und würdigt Anni und die Alpakas keines Blickes mehr.
Anni bleibt nichts anderes übrig, als sich auch Yuris Leine zu schnappen. Obwohl sie das Gefühl hat zu platzen und große Lust hätte, Melli ordentlich die Meinung zu geigen, schafft sie es, den Mund zu halten. Ein lauter Streit vor den Alpakas wäre richtig blöd und würde die Tiere nur verstören.

Yuri und Yana sind nicht gerade begeistert von ihrer ungewohnten Begleitung. Wahrscheinlich sind sie schon deutlich mehr an Greta und Ella gewöhnt. Sie bleiben immer wieder stehen wie zwei plüschige Felsen, dann galoppieren sie völlig unerwartet los, sodass Anni mehrmals über ihre eigenen Füße stolpert und schließlich sogar auf die Knie fällt.
„Autsch!“, ruft sie wütend und reibt Spucke auf die zerschundene Haut.
„Na, gib schon her, du Tollpatsch, bevor du dir die Nase blutig schlägst“, sagt Melli mürrisch und schnappt sich Yuris Leine wieder.
Anni beißt sich zornig auf die Lippen. *Klappe halten, bloß die Klappe halten.*
Als Melli schließlich selber über eine Wurzel stolpert, weil Yuri mal wieder zu einem unerwarteten Sprint ansetzt, zieht Anni sie am Ärmel hoch.

„Alles okay?“
Melli nickt, schüttelt aber ihre Hand ab und murmelt etwas von „Ich bin ja nicht aus Watte“, auch wenn ihr zwei Tränen über die Wangen laufen.
Eine Weile geht alles gut und sie laufen wortlos weiter. Doch

plötzlich – wusch – kippt Yuri einfach um. Mit einem theatralischen Seufzer lässt er sich fallen und plumpst auf den Boden, als hätte ihn jegliche Kraft verlassen. Dramatisch wirft er den Kopf in den Nacken, faltet die Beine unter sich und schließt die Augen, als hätte er beschlossen, hier und jetzt seinen Mittagsschlaf zu halten. Seine Miene schwankt irgendwo zwischen völliger Erschöpfung und gespieltem Leiden.
„Na super!", stöhnen Anni und Melli wie aus einem Mund. Sie werfen sich einen Blick zu – und müssen plötzlich kichern.
„Nervige Viecher", sagt Melli rüde.
Anni schüttelt den Kopf. „Ich finde die ziemlich nett. Aber halt dickköpfig. So wie wir. Ist doch eigentlich sympathisch, oder?"
Melli zuckt mit den Schultern. „Wenn du das sagst." Sie lässt sich wie Yuri ins weiche Moos fallen. „Dann machen wir eben auch Pause. Schade, dass wir keinen Proviant für ein Picknick dabeihaben."
Anni will ihr gerade zustimmen, als ihr Blick auf ein Büschel saftig roter Punkte fällt, die zwischen grünen Blättern am Boden hervorblitzen. Walderdbeeren! Mit einem Juchzer läuft sie los. Vorsichtig streift sie durch das Unterholz, ihre Finger gleiten über die rauen Blätter, während sie nach den winzigen, leuchtend roten Beeren zwischen dem Grün greift. Behutsam pflückt sie eine nach der anderen, sammelt sie in ihrer Handfläche und lächelt zufrieden. Der süße, intensive Duft steigt ihr in die Nase

und sie steckt schnell schon mal ein paar Beeren in ihren Mund. Köstlich!
„Echt jetzt, Anni? Ist ja wie bei Hänsel und Gretel", ruft Melli ihr belustigt zu.
Anni schnaubt leise, sagt aber nichts. Sie zupft noch ein paar besonders große Beeren zwischen den Blättern hervor, dann marschiert sie mit triumphierendem Grinsen zu Melli zurück.
„Sag bloß, du hast auch welche für mich mitgebracht."
Anni setzt sich zu Melli ins Moos und hält ihr wortlos eine Handvoll der winzigen duftenden Beeren entgegen. Sie glitzern im Sonnenlicht wie kleine Rubine.
Melli betrachtet die roten Beeren – und greift dann hungrig zu.
„Das war echt lecker", sagt sie schließlich und schaut Anni zum allerersten Mal freundlich an.
„Finde ich auch", antwortet Anni lächelnd.
„Könnte schlimmer sein mit den Fellmonstern auf Wanderschaft." Melli grinst.
Während Yuri immer noch Mittagsschlaf macht, knabbert Yana an den jungen Trieben eines Haselnussstrauchs.
„Kann ich dich mal was fragen?", sagt Anni.
„Hau raus", antwortet Melli lässig.

„Mir kam es vor, als hätte dich die Post von deinem Bruder neulich irgendwie …“ Anni sucht nach den richtigen Worten, „… na, irgendwie durcheinandergebracht. Es ist sicher komisch, seinen Zwilling plötzlich nicht mehr zu sehen. Wieso ist er eigentlich nicht auch hier im Internat? Alles okay zwischen euch?“

Melli starrt auf ihre Schuhspitzen. „Ihm geht's super.“ Doch irgendetwas in ihrer Tonlage verrät Anni, dass das nicht die Wahrheit ist. Ein paar Sekunden lang sagt keine der beiden etwas. Es ist, als würde die Luft selbst den Atem anhalten. Nur Yuri schnaubt leise, als wäre er gerade aus einem tiefen, friedlichen Schlaf erwacht, und irgendwo im Hintergrund ruft ein Vogel.

Melli fährt sich mit der Hand über die Stirn, ihre Augen blitzen auf und sie drückt die Krempe ihres Basecaps tiefer ins Gesicht. Ihre Finger zupfen nervös am Stoff ihrer Jacke, dann seufzt sie. „Er durfte nicht hierher“, murmelt sie schließlich. „Voll blöd.“

Anni runzelt die Stirn. „Wieso durfte er nicht?“

Melli zuckt mit den Schultern. „Meine Eltern fanden es besser so. Für ihn. Für mich. Weil wir ja ständig zusammenhängen. Zwillinge halt. Auch wenn er drei Minuten älter ist als ich."
Ihre Finger zupfen wieder an dem Stoff ihrer Jacke und sie zieht ihr Basecap vom Kopf. Dreht es in den Händen.
„Das hier hat er mir geschickt. Einfach so. Sein absolutes Lieblings-Cap, damit ich ihn nicht vergesse. Und noch einen Brief. Der war nicht ohne." Sie schließt die Augen für einen Moment.
Anni merkt, dass die gelöste Stimmung sich komplett gedreht hat. „Was stand drin?"
Melli setzt das Cap wieder auf. Ihre Stimme klingt heiser. „Es war … viel. Zu viel. Meine Eltern wollen sich scheiden lassen und sie haben es uns noch nicht einmal selber gesagt bisher. Mein Bruder weiß es nur, weil er sie belauscht hat. Deshalb sollte Raffi auch nicht hier auf das Internat kommen, sondern auf ein Sportinternat. Damit wir uns daran gewöhnen, dass wir in Zukunft nicht mehr zusammen sind. Unsere Eltern haben uns aufgeteilt wie einen Kuchen. Ich zu Mama, er zu Papa. Aber Raffi will das nicht. Ich will das auch nicht. Wir gehören doch zusammen." Der letzte Satz klingt wie ein Hilfeschrei. Und dann fügt Melli hinzu: „Aber ich mag jetzt nicht mehr darüber reden!"

Anni zieht die Knie an und schweigt. Sie versteht, dass sie nicht weiter nachfragen sollte. Obwohl bestimmt viel mehr Unglück und Probleme in der Luft liegen, als sie sich vorstellen kann. Das spürt auch Yuri. Er springt munter auf die Beine, holt sich noch schnell ein Maulvoll zarte Himbeertriebe und zupft mit einem frechen Blick in ihre Richtung saftige Birkenblätter ab. *Wie Ponyherz*, denkt Anni gerührt. Was würde sie dafür geben, ihren besten Freund jetzt zu umarmen und ihm nahe zu sein. Mellis Kummer hat sie total aufgewühlt.
„Komm, wir gehen wieder zurück. Hausaufgaben warten noch“, sagt Anni mit belegter Stimme.
Schweigend wandern sie zum Internat und dieses Mal bleiben die Alpakas brav bei Fuß, ohne Sperenzchen.
Doch vor dem großen schmiedeeisernen Tor des Internats bleibt Melli plötzlich stehen, packt Anni unsanft bei den Schultern und schaut sie durchdringend an. „Nichts darüber zu den anderen. Kapiert?“
Anni nickt, ohne zu zögern. Das, was sie gerade gehört hat, geht niemanden etwas an. Vor allem nicht solche Lästermäuler wie Bine. Gleichzeitig weiß sie, dass dies nicht das Ende der Geschichte ist. Es ist erst der Anfang. Sie wird Melli ab jetzt nicht aus den Augen lassen.

Als Anni und Melli mit den Alpakas durch das Tor treten, kommt ihnen Lorenz entgegen. Seine Haare sind zerzaust, das T-Shirt voller Grasflecken und sein breites Grinsen verrät, dass das Fußballspiel wohl ziemlich erfolgreich war.

„Na, wie war's mit den Dickköpfen?" Er wischt sich mit dem Handrücken den Schweiß von der Stirn.

Anni seufzt und wirft einen Blick auf Yuri, der sich prompt wieder mitten auf den Weg plumpsen lässt. „Na ja, sagen wir mal so – sie haben uns ganz schön auf Trab gehalten. Vor allem Yuri, der Drama-König."

Lorenz lacht. „Klingt, als hätte er eine Menge mit den Lipizzanern gemeinsam. Die zwei warten übrigens schon im Stall auf mich." Er deutet mit dem Daumen über die Schulter. „Sie brauchen noch ein bisschen Eingewöhnung und ich kümmere mich um sie. Hat mir Pieter aufgetragen." Der letzte Satz klingt stolz.

Melli runzelt die Stirn. „Die kommen aus der Pferdeklappe, oder?"

Lorenz nickt. „Genau. Sie sind immer noch ziemlich mitgenommen, obwohl sie sich ja eine ganze Weile zu Hause auf unserem Hof erholen konnten. Das Fohlen wächst inzwischen zu einem Jungpferd heran. Es macht unglaubliche Fortschritte und hat ja auch schon die Fellfarbe gewechselt."

Anni sieht, wie Mellis Blick kurz weicher wird, doch dann kneift sie die Lippen zusammen. „Los, Anni, bringen wir unsere Fellmonster zurück."

Lorenz zuckt grinsend mit den Schultern. „Ich helf euch."

Gemeinsam bugsieren sie Yuri und Yana in den Stall. Oder besser gesagt: Sie versuchen es. Yuri bleibt demonstrativ stehen und schnaubt empört, als wolle er sagen: So leicht kriegt ihr mich da nicht rein. Yana dreht den Kopf zur Seite und beobachtet die Szene mit hochmütigem Desinteresse.

„Ach, kommt schon", murmelt Anni und tätschelt Yanas Hals. „Machen wir's kurz und schmerzlos."

„Oder lang und nervig", ergänzt Lorenz und schnappt sich Yuris Leine.

Nach einigen Minuten gutem Zureden, sanftem Ziehen und zwei Bestechungsversuchen mit Möhren stehen die Alpakas endlich in ihrer Box. Sam kommt gerade dazu und mustert die Alpakas überrascht mit hochgezogenen Augenbrauen. Dann packt sie mit an und löst die Halfter. Lammfromm sind die beiden plötzlich, als könnten sie kein Wässerchen trüben.

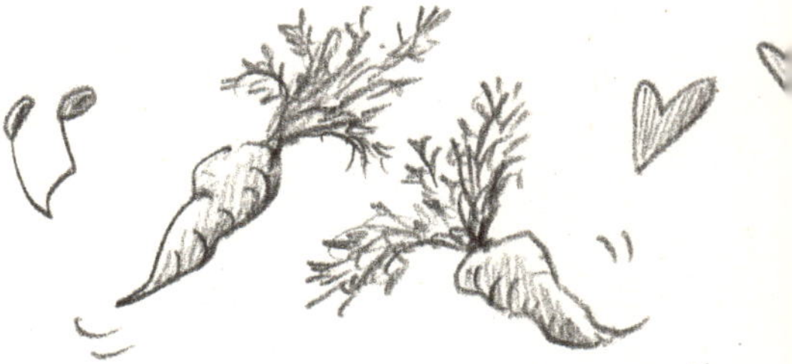

„Na, wie war euer Ausflug?"
„Abenteuerlich", seufzt Anni und klopft sich den Staub von der Hose.
Melli sagt nichts, doch Anni sieht, wie ihre Schultern sich etwas entspannen.
Sam schmunzelt. „Ihr habt das super gemacht." Dann zwinkert sie Anni zu. „Und? War doch gar nicht so schlimm, oder?"
Anni will protestieren, doch dann schnappt sie Mellis Seitenblick auf – nicht herausfordernd, nicht genervt. Nur … nachdenklich.
„Nee", murmelt sie. „Eigentlich nicht."
Lorenz lehnt sich an die Stallwand und streckt sich. „Okay, ich geh jetzt zu den Lipizzanern. Wollt ihr mitkommen? Dürfen sie doch, oder, Sam?"
Sam zögert einen Augenblick, dann nickt sie. „Das habt ihr euch verdient. Aber keine Selfies oder sonstigen Blödsinn." Die letzte Ansage gilt ganz klar Melli.
Anni wirft Melli einen kurzen Blick zu. Eigentlich wollte sie ins Internat verschwinden, aber irgendetwas hält sie zurück.

„Super, danke. Ich will mir die beiden gerne anschauen. Du doch sicher auch, Melli?“

Melli zuckt mit den Schultern. „Meinetwegen.“ Aber in ihren Augen blitzt eine Munterkeit auf, die Anni bisher noch nie bei ihr gesehen hat. Sie wischt den aufploppenden Gedanken weg, dass das an Lorenz liegen könnte. *Sei nicht schon wieder albern, Anni*, befiehlt sie sich.

Im Stalltrakt, in dem die Lipizzaner untergebracht sind, schlägt ihnen der würzige Duft von frischem Heu und Pferd entgegen. In der großen Box stehen zwei Schimmel – na ja, fast. Das erwachsene Pferd, Capriola, ist bereits strahlend weiß, während das jüngere Tier, India, in einem hellen Grau schimmert.

Lorenz lehnt sich über die Boxentür und pfeift leise durch die Zähne. „Hallo, ihr zwei! Wie läuft's im neuen Zuhause? Schon eingelebt?“

Capriola hebt sofort den Kopf, die Ohren aufmerksam nach vorne gerichtet. Sie mustert Lorenz mit klugen dunklen Augen, ehe sie sich ihm gelassen nähert. India dagegen bleibt zögernd

im Hintergrund, die Beine leicht gespreizt, als wäre sie jederzeit bereit wegzulaufen.
„Sieht aus, als ob die Kleine uns noch nicht so recht traut“, murmelt Anni.
Lorenz nickt. „Das ist normal. India hat nicht gerade die beste Vergangenheit, obwohl sie in der Pferdeklappe geboren ist. Sie hat im Mutterleib sicher einiges mitgekriegt, wie das bei Menschen auch vorkommt. Aber sie ist neugierig – und das ist gut.“
Vorsichtig hebt er die Hand und hält sie India hin. Capriola stupst ihn mit den Nüstern an, fast so, als wollte sie sagen: *Hey, ich kenne dich und ich bin auch da!* Lorenz lacht und krault ihr sanft die Stirn.
„Willst du mal?“, fragt er und sieht dabei Anni an.
Anni schiebt die Hände in die Taschen. „Ich weiß nicht, ob das so eine gute Idee ist. Ich möchte sie nicht erschrecken.“
„Dann mach's so wie ich. Kein Druck, nur anbieten. Du bist doch unsere Pferdeflüsterin.“ Er formt mit den Lippen das Wort *Ponyherz*.
Anni wirft einen unsicheren Blick zu Melli, die mit verschränkten Armen danebensteht, aber erstaunlich ruhig ist. Es scheint, als ob sie Lorenz' Lob für Anni hinnimmt, ohne den üblichen spöttischen Spruch auszuspucken. Schließlich zieht Anni doch eine Hand aus der Tasche und hält sie India hin. Das Fohlen

mustert sie mit skeptischen Augen. Sekunden vergehen, in denen nichts passiert. Dann, kaum merklich, streckt India die Nase vor – nur ein paar Zentimeter. So, als wäre sie hin- und hergerissen zwischen Neugier und Vorsicht.
„Bleib ganz ruhig", murmelt Lorenz. „Gut machst du das."
Anni wird vor Freude rot bis unter die Haarwurzeln.
„Darf ich auch mal?", fragt Melli plötzlich.
Anni reißt überrascht die Augen auf. Melli und Pferdeflüstern? Das passt irgendwie so gut zusammen wie Yuri und Gehorsam.
Lorenz grinst. „Na klar, versuch's mal."
Melli tritt an die Boxentür und mustert India mit schief gelegtem Kopf. „Also, was soll ich tun? Einfach Hand hinhalten und hoffen, dass sie mich nicht frisst?"
Anni verdreht die Augen. „Ja, genau. Weil Lipizzaner ja als blutrünstige Raubtiere bekannt sind."
Melli rollt genervt mit den Augen. Ihr sonst so selbstbewusstes Auftreten ist auf einmal wie weggeblasen. „Und wenn sie mich beißt?"
„Tut sie nicht", sagt Lorenz gelassen. „Aber falls doch, wäre das

der perfekte Beweis, dass du vielleicht doch einen süßen Kern hast."

Diese Bemerkung findet Anni so überflüssig wie seinen Kommentar über Mellis stylishe Mütze kürzlich, aber sie hält sich zurück.

„Haha, du Spaßi", sagt Melli und schiebt vorsichtig die Hand in die Box.

India hebt den Kopf, die Ohren leicht nach hinten geklappt. Ihr Blick wandert von Mellis Hand zu ihrem Gesicht – misstrauisch, aber neugierig. Weiter passiert … nichts.

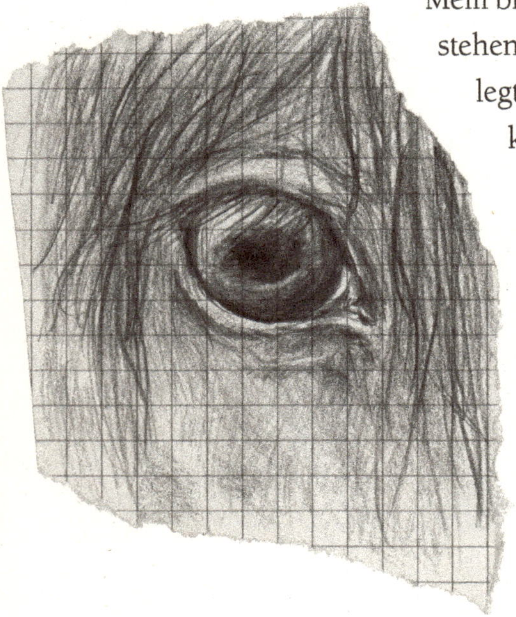

Melli bleibt mit ausgestreckter Hand stehen, rührt sich nicht. Ihre Stirn legt sich in Falten. „Hä, warum kommt sie nicht?"

„Weil du angespannter bist als ein Kaninchen vor einer Schlange", bemerkt Anni trocken.

Lorenz schmunzelt. „Lass den Arm locker. Und atme auch mal."

Melli seufzt, entspannt die Schultern und versucht es erneut. Jetzt streckt India

vorsichtig den Hals vor, schnuppert kurz an Mellis Fingern – und zieht sich dann wieder zurück.
„Ey!", ruft Melli empört. „Was soll das denn?"
Lorenz lacht leise. „Sie überlegt halt noch."
Anni verschränkt die Arme. „Vielleicht mag sie dich nicht." Das war gemein. Aber Anni kann einfach nicht anders. Wie kommt Lorenz darauf, dass Melli einen süßen Kern haben könnte? Sein Spruch grummelt in ihrem Bauch unangenehm nach.
„Pff, sie kennt mich ja noch gar nicht. Wie kann man mich nicht mögen?", sagt Melli in ihrem üblichen eingebildeten Tonfall.
„India sieht das wohl anders", feixt Anni.
Doch genau in diesem Moment passiert es: India kommt zaghaft näher, senkt vorsichtig den Kopf und stupst mit ihrer weichen Nase gegen Mellis Hand. Nur kurz, kaum spürbar.
Melli hält den Atem an. Dann strahlt sie plötzlich über das ganze Gesicht. „Wow! Habt ihr das gesehen? Sie mag mich doch!"
Lorenz nickt zufrieden. „Gar nicht so schlecht für den ersten Versuch."
Melli lässt die Hand sinken, ihre Augen glänzen. „Vielleicht bin ich eine Naturbegabung. Pferdeflüsterin Melli – das klingt absolut cool, oder?"
„Klar", murmelt Anni. „Melli, die Pferdeversteherin. Ich sehe schon die Schlagzeilen."

„Besser als Anni, die Spaß-
bremse."
„Besser als Melli, die Nervensäge."
Sie sehen sich an. Dann prusten beide gleichzeitig los. *Irgendwie zu albern, dieser ständige Schlagabtausch*, scheinen beide zu denken.
India zuckt kurz zusammen, entspannt sich aber schnell wieder, als wäre ihr klar, dass diese beiden Menschen eben einfach ein wenig komisch sind.
Lorenz lehnt sich grinsend an die Boxentür. „Tja, vielleicht seid ihr ja gar nicht so verschieden, wie ihr immer tut."
Melli zieht eine Augenbraue hoch, Anni auch – und beide rufen gleichzeitig: „Und ob!"
India und Capriola beobachten die Szene mit sanften Augen. Als wüssten sie es längst besser.
In diesem Moment durchschneidet ein lautes Heulen die Luft. Ein lang gezogenes, tiefes Wolfsgeheul, das aus der Ferne zu kommen scheint – aber doch nah genug ist, um die Pferde unruhig zu machen.
Capriola reißt den Kopf hoch, die Nüstern weit gebläht. India springt erschrocken einen Schritt zurück und schlägt mit dem Schweif.
„Was war das?!", ruft Melli und bekommt ein ganz rotes Gesicht.
Anni spürt, wie ihr das Herz bis zum Hals schlägt.

Lorenz runzelt die Stirn. „Das war ein Wolf. Und er ist verdammt nah."
Anni, Melli und Lorenz wechseln alarmierte Blicke. Keiner sagt etwas, aber das Wolfsgeheul hallt in ihren Köpfen nach. Dann, wie auf Kommando, rennen sie los.

Plötzlich ist das ganze Internat in Alarmbereitschaft. Draußen flattern die Hühner wild durcheinander. Einige rennen mit gespreizten Flügeln in ihren sicheren Stall, während andere laut gackernd hin und her wuseln, als hätten sie vergessen, wo sie eigentlich hinwollten.

„Hey, alles gut, ihr Federviecher!", ruft Lorenz, doch das überzeugt die Hühner kein bisschen.

Als Anni, Lorenz und Melli das Hauptgebäude erreichen, stürzen ihnen Pia und Bine über den Hof entgegen, beide mit weit aufgerissenen Augen.

„Habt ihr das gehört?" Bine klammert sich an Pias Ärmel. „Das war ein Wolf! Direkt vor dem Internat!"

„Nicht direkt davor", versucht Anni sie zu beruhigen.

Aber Pia schüttelt energisch den Kopf. „Ganz egal, wo genau der geheult hat! Der könnte doch jeden Moment kommen!"

Jetzt tauchen weitere Internatsbewohner auf.
„Man kann ihn nirgends sehen", murmelt Ben, aber er klingt nicht überzeugt.
„Und wenn er sich versteckt?", raunt Leo. „Wölfe können leise sein. Vielleicht lauert er uns auf." Er umklammert seinen Hockeyschläger.
In diesem Moment nähert sich Frau Lachner aus Richtung des Schulgartens. „Alle, die draußen sind, rein! Und zwar sofort!" Ihre Stimme duldet keinen Widerspruch. So streng hat sie noch nie mit ihnen gesprochen.
Alle hasten in die Sicherheit des Gebäudes. Doch das Gefühl der Anspannung bleibt.
„Kommt, wir müssen Sam finden!", sagt Anni atemlos.
„Sie ist bestimmt in der Bibliothek", sagt Melli. „Greta hat mir heute Morgen was von Nachhilfe erzählt!"
Ohne weitere Erklärungen rennt Melli los, Lorenz und Anni eilen hinterher.
Tatsächlich sitzt Sam in der Bibliothek – vor einem Laptop, umgeben von ein paar Schülerinnen und Schülern, unter ihnen

Greta und Ella, die konzentriert arbeiten. Als die drei in die Bibliothek poltern, hebt Sam eine Augenbraue.

„Ihr seht aus, als hätte euch jemand ein Alpaka hinterhergejagt", sagt sie trocken. Dann bemerkt sie die Besorgnis in ihren Gesichtern. „Was ist los?"

„Ein Wolf!", platzt es aus Melli heraus. „Wir haben ihn gehört! Ganz nah! Und die Pferde sind voll erschrocken! Und die Hühner und Frau Lachner – die drehen alle komplett durch!"

Ein Raunen geht durch die Bibliothek. Sam klappt den Laptop zu und steht langsam auf. „Beruhigt euch erst mal. Tief durchatmen." Sie schaut in die Runde, bleibt einen Moment bei Anni hängen, dann bei Lorenz. „Ihr habt ihn also gehört? Wo genau?"

„Beim Stall", sagt Lorenz. „Ganz nah."

Sam nickt, überlegt kurz. Dann nimmt sie ihr Funkgerät vom Gürtel. „Ich kläre das mit den Wildhütern vom Förster. Seit der Spurensichtung bin ich mit einigen von ihnen in Kontakt. Und danach beruhige ich Frau Lachner." Sie drückt einen Knopf. „Hier Rangerin Sam. Ich brauche eine Einschätzung zu den bekannten Wolfsbewegungen in unserem Gebiet. Gab es neue Sichtungen oder Spuren in der Nähe?"

Ein leises Rauschen ertönt aus dem Funkgerät und schließlich eine Antwort: „Keine aktuellen Sichtungen, aber ein einzelnes Heulen wurde vor etwa zehn Minuten aus dem Wald gemeldet."

Sam entspannt sich ein wenig. Sie schiebt das Funkgerät zurück

an den Gürtel und sieht die Kinder an. „Hört zu, das klingt nach einem Einzelwolf, nicht nach einem Rudel. Wahrscheinlich ein Jungtier, das seine Familie sucht. Die heulen oft allein, wenn sie ihr Revier erkunden oder wenn sie unsicher sind."
„Aber … was ist, wenn er zum Internat kommt?", fragt Melli und verschränkt die Arme vor der Brust.
„Wölfe meiden Menschen. Das habe ich euch doch erst vor Kurzem versichert", sagt Sam ruhig. „Wir sind hier auf einem sicheren Gelände und die Wölfe kommen nicht einfach in den Stall oder den Hühnerhof. Solange wir keine Essensreste draußen rumliegen lassen und keine Tiere ungeschützt draußen bleiben, wird nichts passieren."
„Und die Pferde?", fragt Anni. „Die waren richtig nervös."
„Tiere spüren es, wenn ein Raubtier in der Nähe ist. Aber Capriola und India und auch die Shettys und Alpakas sind im Stall sicher. Wenn es euch beruhigt, könnt ihr nachher mit mir nach ihnen sehen."
Anni und Melli nicken – wenn auch etwas widerwillig.
„Also gut." Sam sieht jeden in der Bibliothek einmal an. „Keine Panik. Wir halten die Augen offen. Und wenn ihr noch einmal etwas hört oder seht – sofort Bescheid sagen, klar?"
Greta und Ella sitzen wie erstarrt da. Greta ballt die Hände zu Fäusten, ihre Schultern zittern leicht. „Aber wenn er doch kommt? Wenn er hungrig ist?", flüstert sie.

Ella nickt heftig. „Unser Opa hat mal erzählt, dass Wölfe manchmal mutiger werden, wenn sie alleine sind!"
Lorenz hebt beschwichtigend die Hände. „Hey, so läuft das nicht. Sam hat doch gerade erklärt –"
„Ihr wisst es doch gar nicht!", unterbricht Greta ihn aufgebracht. „Vielleicht ist das ein Wolf, der Menschen sehr wohl angreift! Vielleicht hat er schon schlechte Erfahrungen mit Menschen gemacht!" Ihre Stimme überschlägt sich fast.
Sam hebt die Hände leicht, als würde sie eine aufgescheuchte Herde beruhigen. „Greta. Ella. Tief durchatmen." Ihre Stimme ist fest, aber sanft. „Ich verstehe, dass ihr Angst habt. Aber Angst macht alles schlimmer, wenn man sie nicht unter Kontrolle hat."
Lorenz nickt. „Sam weiß, was sie tut. Und wir sind nicht allein, das ganze Internat ist hier."
„Weißt du noch, wie du beim Orientierungslauf im Wald die Nerven behalten hast?", fragt Sam nun an Greta gewandt. „Obwohl du dich verlaufen hattest?"
Greta blinzelt. „Ja, aber … das hier ist was anderes."
„Nicht wirklich", sagt Sam ruhig. „Du hast gelernt, wie du mit Angst umgehst. Und du hast es geschafft. Das wirst du auch jetzt tun. Atme tief durch. Und vertraue mir, okay?"
Zögerlich nickt Greta. Ella presst die Lippen zusammen, dann nickt auch sie.

„Gut. Und wenn ihr euch trotzdem unwohl fühlt – ihr könnt gern alle mitkommen, wenn ich gleich nach unseren Tieren schaue. Dann seht ihr selbst, dass sie in Sicherheit sind."

Draußen ist das Gackern der Hühner noch nicht ganz verstummt, aber langsam beruhigt sich das Internat wieder. Mit dem unheimlichen Wolfsgeheul immer noch im Ohr geht Anni nach der Patrouille durch die Ställe in ihr Zimmer. Sie hat einen Berg Hausaufgaben zu erledigen und auch Ponyherz muss auf den neuesten Stand gebracht werden. Wenigstens in ihrem Tagebuch.

Anni lässt sich auf ihr Bett fallen. Lynn sitzt bereits an ihrem Schreibtisch, Kopfhörer in den Ohren, die Stirn in Falten gelegt. Überall um sie herum liegen Notizen verstreut.

„Hey", sagt Anni und streckt die Beine aus.

Lynn nimmt einen Kopfhörer aus dem Ohr und dreht sich zu ihr um. „Hey. Alles okay?"

Anni zögert kurz. „Wir haben einen Wolf gehört."
Lynn blinzelt. „Einen Wolf?"
„Ja. Ganz nah am Stall. Die Pferde sind ausgerastet, die Hühner auch. Sam meint, es war wahrscheinlich ein Jungtier, das sein Rudel sucht. Du hast echt gar nichts mitbekommen von dem Tumult?"
Lynn schüttelt den Kopf. „Ich war die ganze Zeit hier im Zimmer." Plötzlich springt sie auf. „Harvey!"
Anni runzelt die Stirn. „Was ist mit ihm?"
„Na, seine Hühner! Du weißt doch, wie sehr er an ihnen hängt. Wenn er mitbekommt, dass ein Wolf in der Nähe war, macht er sich bestimmt total verrückt!"
Anni legt die Stirn in Falten. „Dann sag ihm doch besser gar nichts davon."
Lynn zieht sich ein Hoodie über. „Spätestens wenn Lorenz bei ihm im Zimmer auftaucht, weiß er es. Da spreche lieber ich mit Harvey, ich weiß besser, wie er tickt und wie man ihn beruhigen kann."
Anni schmunzelt. „Oh, Lynn, die Harvey-Flüsterin."
Lynn wirft ihr einen scharfen Blick zu. „Sei still." Ihre Ohren werden allerdings verdächtig rot.

Anni lacht leise. „Schon gut, ich sag ja gar nichts mehr. Aber dann komme ich mit."
„Von mir aus." Lynn zuckt mit den Schultern.

Harvey sitzt in der Leseecke des Internats, dem gemütlichen Rückzugsort, abseits vom Trubel der Flure. Hier gibt es weiche Sessel und ein breites, mit Kissen bedecktes Fensterbrett. In der Ecke steht ein großes Regal, randvoll mit Büchern in verschiedensten Formaten: gebundene Ausgaben, Taschenbücher und eine kleine Auswahl an Braille-Büchern. Eine Stehlampe wirft warmes Licht auf den runden Holztisch in der Mitte, auf dem sich verstreute Notizzettel, Lesezeichen und ein halb geleertes Glas Kakao befinden. Der Duft von Papier und ein Hauch von Vanille – vermutlich von einer Duftkerze – hängen in der Luft. Es ist ein Ort, der zum Versinken in Geschichten einlädt und genau das tut Harvey gerade. Seine Finger gleiten sanft über die erhabenen Punkte der Brailleschrift, während seine Lippen stumm die Worte formen.
Lynn bleibt kurz stehen, dann räuspert sie sich. „Hey, Harvey."
Er hebt den Kopf, ein Lächeln huscht über sein Gesicht. „Hey, Lynn und Anni. Was macht ihr hier?"
Lynn setzt sich neben ihn, Anni lässt sich auf einen nahen Sessel fallen.
„Wir wollten nur kurz nach dir sehen", sagt Lynn.
Harvey runzelt die Stirn. „Ähm … danke? Ist was passiert?"
Lynn wirft Anni einen schnellen Blick zu. „Also … es gibt da eine Sache … aber keine Panik, okay? Es wurde ein Wolf gehört."

Harvey erstarrt. „Ein Wolf? Bei uns im Internat?“
„Nicht direkt“, fügt Anni schnell hinzu. „Irgendwo in der Nähe vom Stall. Sam meint, es ist nur ein harmloses Jungtier, das wahrscheinlich seine Familie sucht.“
Harvey runzelt die Stirn. „Und meine Hühner? Geht es ihnen gut?“
Lynn nickt, auch wenn Harvey es nicht sehen kann. „Total. Sam hat gesagt, dass sie nicht in Gefahr sind. Der Stall ist sicher und so dicht würde der Wolf sich sowieso nicht rantrauen.“
Harvey atmet langsam aus. „Okay, wenn Sam das sagt, dann wird es wohl stimmen.“
Lynn legt vorsichtig eine Hand auf seinen Arm. „Wirklich, es gibt keinen Grund zur Sorge. Und wenn du willst, können wir beide vor dem Schlafengehen noch mal nach den Hühnern sehen.“
Harvey nickt zögerlich. „Ja. Das wäre gut.“ Dann grinst er plötzlich. „Und wenn der Wolf doch auftaucht, kann ich ihn vielleicht mit meinen Vorlesekünsten vertreiben.“
Lynn lacht. „Ein Wolf, der sich freiwillig einen Achthundert-Seiten-Roman anhört. Das wäre mal was.“ Sie nimmt seine Hand. „Keine Angst, Harvey. Deinen Hühnern passiert nichts. Ich verspreche es dir. Ich bin ihr Bodyguard.“
Harvey lacht auf. „Ich dachte, die Hühner sind meine Personenschützer …“

Anni schüttelt grinsend den Kopf. „Klar, du Spinner. So wird es sein. Schließlich sind die Vorfahren der Hühner Dinosaurier. Die haben also echt was drauf."

Der Tag fühlt sich plötzlich wieder ganz normal an – zumindest fast. Denn in ihrem Hinterkopf hallt das Heulen des Wolfs immer noch nach.

Zu Annis Überraschung ist das Wolfsgeheul beim Abendessen und auch später kein Thema mehr. Sie hatte damit gerechnet, dass Sam im Rittersaal vor dem Schlafengehen noch eine Ansage macht.
„Pieter und Sam haben entschieden, keinen vorauseilenden Alarm zu schlagen", sagt Lorenz.
Das beruhigt Anni nicht und sie versenkt den Löffel etwas zu energisch in ihrem Milchreis, der daraufhin über den Tisch spritzt. „Aber wenn das ein Jungtier war, heißt das doch, es sind sogar mehrere Wölfe im Wald. Eine Wolfsfamilie. Die sind dann doch noch gefährlicher, weil die Jungen gefüttert werden müssen."
Lorenz nimmt Anni den Löffel aus der Hand. „Hey, entspann dich. Sam ist noch mal in den Wald gegangen und hat zusammen

mit dem Förster vom Grafen Meerfeld die Umgebung abgesucht. Soviel ich weiß, haben sie keine Wölfe gesichtet."

Jetzt mischt Harvey sich ein. „Der Graf Meerfeld?", fragt er eifrig. „Das ist doch der Typ, von dem Pias Mutter den Gutshof, also unser Internat, gekriegt hat. Sein Anwesen ist wohl ein richtiges altes Gruselschloss mit unterirdischen Gängen. Darin würde ich gerne mal herumspuken. Und, das ist auch für dich spannend, Anni: Ihm gehört eine ganz besondere Wildpferdherde. Wildpferde magst du doch so gerne."

Anni lässt mal wieder ein Ponyherz-Schnauben hören. „Ach nee. Sag bloß. Aber Wildpferde gehören niemandem. Sie sind wild und frei, wie ihr Name schon sagt."

„'tschuldigung, wenn du das schon wusstest", sagt Harvey achselzuckend.

„Anni, was soll das denn?", grätscht Lynn dazwischen. „Harvey wollte doch nur nett sein. Kein Grund, herumzuzicken. Außerdem meint er doch nicht, dass die Wildpferde bei dem Grafen

im Stall stehen, sondern dass sie sich auf seinem Gelände aufhalten und er sie beschützt. So hat das Pieter mal gesagt."
Bevor Anni weitermeckern kann, greift Lorenz ein. „Superspannend, Harvey. Woher weißt du das mit den unterirdischen Gängen?"
Harvey löffelt erst noch seine zweite Portion Milchreis leer, die ihm Lynn gebracht hat. „Ich lese gerade die Chronik von den Meerfelds. Steht in der Bibliothek, in normaler Schrift und in Braille, also meiner Blindenschrift, die ich gerade übe. Liest sich wie ein Krimi. Anscheinend haben sich früher sogar Schmuggler in den Gängen versteckt."

Lorenz schüttelt fassungslos den Kopf. „Wie krass. Vielleicht gibt es noch Verbindungswege von unserem Internat zum Schloss vom alten Meerfeld. Wir sollten ihn einfach mal fragen, der Graf ist ja schwer in Ordnung, sagt Pieter."
Am Nebentisch beginnt Pia, das Geschirr einzusammeln. „Anni, komm mal in die Hufe!", ruft sie. „Du hast Tischdienst mit mir. Schon vergessen?"

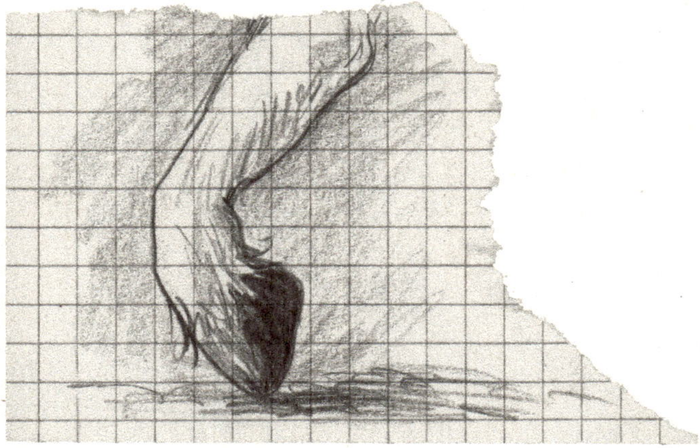

Anni springt eilig auf. Sie ist froh, dass sie wegkommt. Sie merkt ja selber, dass sie auf Krawall gebürstet ist. Bestimmt ist die Sorge um Ponyherz der Grund. Seit dem Wolfsgeheul muss sie ständig an die schutzlose Herde im Wald denken. Hoffentlich stimmt es, dass Sam keine frischen Spuren gefunden hat. Alles andere wäre einfach nur schrecklich. Am liebsten würde Anni auf der Stelle in den Wald laufen und bei den Wildpferden Wache halten, aber das ist natürlich totaler Quatsch.

Vor dem Schlafengehen hält ihr Lynn noch eine Standpauke. „Es ist nicht okay, dass du dich über Harvey lustig machst", schimpft sie. „Er wühlt sich durch diese achthundert Seiten Chronik der Meerfelds, damit er sich im Lesen verbessert. Da musst du ihn nicht vor den Kopf stoßen."

Anni seufzt tief. „Ich hab's echt nicht so gemeint. Der Wolf macht mich voll nervös. Morgen entschuldige ich mich bei ihm, okay?"
Lynn nickt zufrieden und schlüpft in ihren Pyjama. „Vergiss es nicht."

Auch wenn der Vollmond Anni dieses Mal nicht beim Einschlafen stört, weil sich dicke Wolken vor die leuchtende Kugel geschoben haben, findet sie nicht in den Schlaf. Mit geschlossenen Augen lauscht sie in die Nacht, immer darauf vorbereitet, das Wolfgeheul wieder zu hören. Aber es bleibt still.

Gerade als die Müdigkeit sie doch übermannt, hört sie im Zimmer Geräusche. Anni öffnet ihre Augen einen Spaltbreit. Es ist Lynn, die sich gerade Jeans und Hoodie über ihren Pyjama zieht und in die Turnschuhe schlüpft.

Plötzlich ist Anni wieder hellwach. Was hat ihre Freundin vor? Ein Blick auf die Uhr zeigt ihr, dass es bereits kurz nach Mitternacht ist. Mit klopfendem Herzen beobachtet Anni, wie sich Lynn leise aus dem Zimmer schleicht und vorsichtig die Tür hinter sich schließt.

Neugierig, aber auch ein bisschen alarmiert, steht Anni auf,

wirft sich ihre Jacke über, schlüpft in ihre Sneakers und folgt Lynn auf den dunklen Flur und die Treppe hinunter in den Eingangsbereich. Das Internat schläft tief und fest. Nur das leise Ticken der Standuhr durchbricht die Stille.
Lynn schleicht zielstrebig nach draußen auf den Hof. Anni bleibt im Schatten der Eingangstür stehen und sieht, wie sich eine zweite Gestalt aus dem Dunkel löst.
Harvey. Natürlich.
Anni lehnt sich ein Stück weiter vor und beobachtet, wie Lynn zu ihm läuft. Harvey trägt eine Stirnlampe um den Hals, die er aber noch nicht eingeschaltet hat.
„Bist du sicher, dass du das machen willst?“, fragt Lynn.
Harvey nickt. „Wenn da wirklich ein Wolf unterwegs ist, will ich es selbst hören. Ich hab irgendwie ein schlechtes Gefühl.“
Anni verdreht die Augen. Typisch Harvey. Der Wolf könnte inzwischen kilometerweit entfernt sein und er will sich anscheinend trotzdem an den Hühnerstall setzen, um persönlich nach dem Rechten zu sehen.
„Du bist echt stur, weißt du das?“, fragt Lynn jetzt.
„Hab ich von den Hühnern gelernt“, erwidert Harvey trocken.
Anni muss grinsen. Doch dann erstarrt sie.

Ein Heulen durchschneidet die Nacht.
Nicht weit entfernt.
Lynn und Harvey reißen die Köpfe herum. Anni spürt, wie ihr Herz schneller schlägt. Das war wieder der Wolf!
Sie tritt durch die Tür. „Okay, jetzt reicht's mir. Was macht ihr hier?"
Harvey zuckt nicht mal zusammen, aber Lynn dreht sich überrascht um. „Anni?! Hast du mir hinterherspioniert?"
„Oh, entschuldige, dass ich neugierig war, als meine beste Freundin sich mitten in der Nacht davongeschlichen hat", kontert Anni. „Was habt ihr vor?"
„Harvey wollte hören, ob der Wolf vielleicht doch noch da ist", erklärt Lynn.
„Und wie wir jetzt wissen, ist er das", ergänzt Harvey.
„Na super. Und was ist euer genialer Plan? Ihn mit deiner Stirnlampe blenden, Harvey?"
„Vielleicht", sagt er schulterzuckend.
Anni seufzt. „Wir sollten Sam wecken."
„Oder wir bleiben einfach hier und passen selbst auf, dass der Wolf den Ställen nicht zu nah kommt", widerspricht Lynn.
Anni will gerade protestieren, als sie eine Bewegung im Augenwinkel wahrnimmt.
„Der Wolf!", haucht Lynn und schnappt sich Harveys Hand.
„Quatsch!", sagt Anni.

Eine dunkle Gestalt huscht über den Hof – geduckt, vorsichtig. Annis Herz macht einen Satz. *Wer ist das?*
Dann erkennt sie Melli. Sie schleicht zum großen Internatstor, öffnet es, wirft einen schnellen Blick zurück und verschwindet in der Dunkelheit. Richtung Wald.
„Hat Melli sie noch alle?!", entfährt es Anni.
Lynn ist ihrem Blick gefolgt. „Melli? Was macht sie denn hier draußen?"
Anni antwortet nicht auf die Frage. „Ist doch megagefährlich allein im Wald, mit dem Wolf. Ich kann sie nicht alleine gehen lassen. Bleibt ihr bei den Hühnern!" Sie zögert keine Sekunde und rennt los.

Melli verschwindet zwischen den Bäumen. Annis Herz hämmert so laut, dass es ihr vorkommt, als könne man es bis zum Internat hören. Warum geht Melli mitten in der Nacht in den Wald? Hat das etwas mit dem Wolf zu tun? Anni weiß nur eins: Sie muss es herausfinden.
Sie rennt, ohne nachzudenken. Ihre Füße schlagen hart auf den Waldboden, Zweige peitschen gegen ihre Beine. Melli ist schnell, verdammt schnell, und Anni muss sich anstrengen, sie nicht aus den Augen zu verlieren. Die Dunkelheit schluckt die Umrisse der Bäume, nur das fahle Mondlicht, das sich durch die dicke Wolkendecke kämpft, zeigt ihr den Weg.

Melli springt über einen umgestürzten Baumstamm, als hätte sie das schon tausendmal gemacht. Donnerwetter, dass Melli so sportlich ist und sich so gut durch den Wald bewegen kann, wusste Anni gar nicht. Gleich darauf stolpert Anni, fängt sich aber wieder. Ihr Atem geht schwer, doch sie gibt nicht auf. Immer weiter läuft sie, bis Melli schließlich langsamer wird.

Eine Lichtung, ganz in der Nähe der Wildpferdherde von Ponyherz. Anni spürt einen Stich im Herzen. Wie gerne würde sie einfach abdrehen und Schutz bei Ponyherz suchen. Aber sie darf Melli nicht aus den Augen verlieren. Das ist jetzt wichtiger als ihre Sehnsucht nach ihrem Wildpferd.

Anni hält sich im Schatten der Bäume verborgen und beobachtet Melli. In der Mitte der Lichtung steht ein alter Hochsitz. Ohne zu zögern, klettert Melli die knarrende Leiter hinauf. Oben angekommen, blickt sie sich um. Spürt sie, dass ihr jemand gefolgt ist?

Dann eine Bewegung. Ein Schatten taucht auf. Irgendwer ist

bereits da oben. Anni kneift die Augen zusammen und erkennt eine zweite Gestalt, die Kapuze tief ins Gesicht gezogen. Melli setzt sich neben die Kapuzenperson. Die Schultern der beiden berühren sich, als sie leise spricht. Anni kann nichts verstehen, aber ihre Körpersprache sagt: Vertrautheit.
Ein erneutes Heulen durchbricht die Stille.
Anni erstarrt.
*Der Wolf.*
Näher als zuvor, sie muss handeln.
Mit einem letzten Blick in den dunklen Wald fasst sie einen Entschluss. Ohne zu überlegen, rennt Anni zum Hochsitz, packt die Leiter und klettert hinauf. Die alten Holzsprossen ächzen unter ihrem Gewicht. Oben angekommen, zieht sie sich vorsichtig auf die Plattform und kauert sich neben Melli und die Gestalt mit der Kapuze.

Mellis Augen weiten sich. „Anni?! Was um alles in der Welt machst du hier?“

„Ich könnte dich dasselbe fragen", zischt Anni zurück und wirft einen schnellen Blick zu der anderen Person. Es ist ein Junge. Seine Gesichtszüge sind Melli so ähnlich, dass es keinen Zweifel gibt.

„Raffi", sagt er ruhig. „Hey. Und du bist also Anni. Die Nervensäge." Er grinst schief. „Sorry, das konnte ich mir nicht verkneifen, so, wie du meine Schwester stresst."

Anni spürt jede Menge Wut in sich aufsteigen. Aber sie denkt an Lorenz und seine Art, sie zu beschwichtigen, wenn sie verärgert ist, und schafft es, sich zu beherrschen. Es gibt gerade Wichtigeres.

„Bist du durchgebrannt von zu Hause?", fragt Anni an Raffi gewandt. „Das gibt Ärger, sage ich euch."

Er nickt langsam. „Ich bin hier, um Melli zu überreden, mitzukommen."

Anni runzelt die Stirn. „Mitzukommen?"

Raffi presst die Lippen zusammen. „Unsere Eltern wollen uns nach der Scheidung trennen. Ich soll bei Papa bleiben, Melli bei Mama. Wir lassen das nicht zu. In unterschiedliche Schulen haben sie uns schon gesteckt."

Anni schnaubt. „Hab ich gehört. Hat Melli der Nervensäge höchstpersönlich erzählt." Diese Spitze kann sie sich nicht verkneifen. „Aber ihr wollt wirklich weglaufen? Das ist doch Wahnsinn! Wohin denn? Das geht garantiert nicht gut."

Raffi sieht sie entschlossen an. „Es ist unsere einzige Chance. Wir gehören zusammen."
Ein weiteres Heulen lässt alle zusammenzucken. Es klingt unglaublich nah. Anni spürt, wie ihr Puls rast.
„Hört zu, egal was ihr vorhabt – es ist zu gefährlich. Ihr könnt jetzt nicht durch den Wald rennen, wenn da ein Wolf unterwegs ist."
Melli schaut Raffi an, dann in den dunklen Wald. „Und was sollen wir deiner Meinung nach tun?"
Anni atmet tief durch. „Raffi kommt erst mal mit zum Internat. Dort ist er sicher. Wir überlegen uns einen Plan – aber nicht hier draußen."
Raffi zögert. „Okay", sagt er schließlich.
Anni atmet auf. „Also los, bevor der Wolf uns findet."
Vorsichtig klettert sie als Erste den Hochsitz hinunter. Melli folgt ihr, dann Raffi. Der finstere Wald wirkt bedrohlicher als zuvor, doch diesmal ist Anni nicht allein. Und sie wird dafür sorgen, dass sie alle sicher zurückkommen.

Anni hetzt mit Melli und Raffi durch die Dunkelheit. Die Nacht ist still, bis auf ihr hastiges Atmen. Jeder Schatten zwischen den Bäumen sieht aus wie eine drohende Gefahr. Immer wieder hält Anni inne, lauscht. Das Heulen des Wolfs hat aufgehört – doch genau das macht ihr noch mehr Angst. Er könnte überall sein.

Plötzlich bleibt Raffi stehen und zieht Melli zurück. „Da vorne, hast du das gesehen?", zischt er.
Anni dreht sich ruckartig um. Ihr Herz hämmert und ihre Augen suchen das Dunkel ab. Ein großer Busch bewegt sich leicht, aber es könnte auch nur der Wind sein. Oder …
Sie hört ein ganz leises Schnauben. *Ponyherz?*
Am liebsten würde Anni auf der Stelle zu ihm laufen, ihn umarmen, auf seinen Rücken steigen, einfach nur bei ihm sein. Aber das geht jetzt nicht.

„Morgen komme ich, mein Schatz", flüstert sie lautlos. „Ganz bestimmt. Geh zurück zu deiner Herde."
Sie packt Melli am Handgelenk. „Los jetzt!", drängt sie. Die beiden sollen keine Zeit haben, herauszufinden, wer sich da im Gebüsch verbirgt.
Endlich taucht das Internatsgebäude in der Ferne auf. Nur ein paar Flurfenster sind schwach beleuchtet, alle schlafen tief und fest. Der Hof ist leer – bis auf zwei Gestalten, die unruhig am Hühnerstall warten.

„Oh verdammt!“, entfährt es Harvey viel zu laut, als Anni mit den anderen aus dem Dunkeln tritt. „Wer ist das?“

„Anni, hast du uns verraten?“ Mellis Stimme zittert vor Wut.

„Nein!“, protestiert Anni. „Das sind bloß Lynn und Harvey, sie bewachen die Hühner.“ Sie zieht Melli und Raffi zum Hühnerstall.

Lynn keucht. „Ist das etwa … Raffi?! Mellis Bruder? Wie crazy … Was ist denn passiert?“

Anni erzählt kurz, was sie von den beiden erfahren hat. Melli und Raffi sind viel zu aufgeregt für klare Sätze.

„Du bist abgehauen, Raffi. Krass“, staunt Lynn. „Das würde ich mich nicht trauen. Und es bringt doch auch nichts.“

Raffi macht einen wütenden Schritt auf Lynn zu. „Was weißt du denn schon, wie es ist, wenn die Eltern sich scheiden lassen!“

Anni schnappt nach Luft. Raffi hat mindestens so eine kurze Zündschnur wie Melli. Plötzlich wünscht sie sich, Lorenz wäre hier.

Harvey hebt die Hände. „Hey, Leute, Entspannung. Wir können euch helfen.“

Raffi wirft ihm einen misstrauischen Blick zu. „Und wie?“

„Ich habe eine Lösung für euer Problem. Jedenfalls fürs Erste“, sagt Harvey ernst. „Du kannst heute Nacht bei den Hühnern bleiben.“

„Was?!“, rufen Melli und Raffi gleichzeitig.

Harvey zuckt mit den Schultern. „Ich kümmere mich allein um den Stall, da kommt niemand rein außer mir. Und du kannst auf die Hühner aufpassen, Raffi. Falls der Wolf doch noch einen Abstecher hierher wagt. Ich gehe in mein Bett zurück, langsam werde ich nämlich müde." Er gähnt ausgiebig.

Raffi schaut zu Melli, danach zum dunklen Waldrand. Schließlich nickt er langsam. „Na gut. Aber nur für heute Nacht."

Melli schluckt. „Dann … dann bis morgen." Sie umarmt ihren Bruder fest und für einen Moment ist es, als ob die ganze Welt stillsteht.

Anni spürt einen Kloß im Hals. Sie weiß, dass dieser Abschied den beiden das Herz zerreißt, und kennt solche Gefühle nur zu gut – aber zumindest ist Raffi für diese Nacht in Sicherheit. Und die Hühner auch.

Nur Ponyherz und seine Herde da draußen müssen sich immer noch vor dem Wolf hüten, denkt Anni und schaut besorgt in die Dunkelheit.

In der Internatstür steht Lorenz, seine Arme sind vor der Brust verschränkt. „Was geht hier ab?", fragt er. Seine blauen Augen wandern von Harvey zu Lynn, dann zu Anni. „Ich konnte nicht schlafen und hab euch durchs Fenster aus dem Wald kommen sehen. Und gerade ist Melli an mir vorbeigestürmt und hat mich einfach zur Seite geschubst."

Harvey seufzt theatralisch. „Erwischt. Dann mal raus mit der Sprache, Anni. Du bist doch so wortgewandt."

Anni hatte gehofft, unbemerkt ins Haus zu kommen, aber jetzt muss sie eine Antwort aus dem Ärmel schütteln. Sie sieht kurz zu Lynn, die nur stumm mit den Schultern zuckt.

„Raffi ist hier", sagt Anni schließlich.

Lorenz blinzelt ungläubig. „Mellis Bruder?"

Sie nickt. „Ihre Eltern lassen sich scheiden und sie wollen die Geschwister trennen – Melli soll zur Mutter, Raffi zum Vater. In

verschiedene Schulen haben sie die beiden sogar schon gesteckt. Darum wollen Melli und Raffi zusammen abhauen."
Lorenz runzelt die Stirn. „Im Ernst?!"

„Ja", murmelt Harvey. „Und ich habe Raffi für heute Nacht eine noble Unterkunft im Hühnerstall angeboten. Mit Hühner-Zimmerservice."
Lorenz schüttelt ungläubig den Kopf. „Harvey, du spinnst."
„Schon ein bisschen", gibt der grinsend zu. „Aber ich brauchte dringend einen zuverlässigen Bodyguard für meine Hühner. Der Wolf hat wieder ganz in der Nähe geheult."
Anni schüttelt den Kopf. „Red jetzt keinen Quatsch, Harvey, das ist alles überhaupt nicht zum Lachen." Dann wendet sie sich an Lorenz. „Es war die beste Lösung. Zumindest vorerst. Wir konnten Raffi nicht einfach im Wald zurücklassen, mit dem Wolf da draußen. Er hatte sich auf dem Hochsitz versteckt."
Lorenz atmet tief durch und reibt sich übers Gesicht. Anni sieht, dass er mit sich ringt. „Also gut", sagt er schließlich. „Ich check das morgen mit euch durch. Aber wehe, ihr macht was ohne mich."
Anni atmet erleichtert aus. „Danke, Lorenz."
Er schnaubt wie sonst Anni. Dann dreht er sich um und verschwindet im Gebäude.

Anni sieht zu den anderen. „Na los, ab ins Bett, bevor wir wirklich noch Ärger kriegen."
Sie weiß, dass es morgen nicht vorbei sein wird. Aber fürs Erste bleibt die Nacht hoffentlich ruhig – zumindest hier, im Internat.

„Deine Hühner sind in Sicherheit", verabschiedet sich Lynn von Harvey.
„Und Raffi auch", antwortet Harvey und grinst. „Hauptsache, er mampft nicht alle Eier."
„Blödsinn. Der hat ganz andere Sachen im Kopf und bestimmt ist er total müde", sagt Anni. „Ich stelle mir Weglaufen anstrengend vor."
*Hoffentlich sind die Hühner nett zu Raffi*, denkt sie. Harveys gefiederte Freundinnen können ganz schön zickig werden.
„Ich bin auch völlig fertig", sagt Lynn gähnend. „Ich bin echt keine Nachteule. Ab in die Federn."

Zurück im Zimmer, lässt sich Lynn auf ihr Bett fallen und zieht sich im Liegen aus. Anni nimmt ihr Tagebuch aus dem Kleiderschrank und setzt sich an ihren Schreibtisch.
„Du machst jetzt aber nicht noch Hausaufgaben!", ruft Lynn entsetzt.
„Quatsch, ich bin doch nicht doof. Aber ich kann jetzt unmöglich schlafen. Zuerst muss ich meine Gedanken klarkriegen", antwortet Anni.
„Du bist wirklich verrückter als alle Hühner zusammengenommen", murmelt Lynn. Sekunden später schnarcht sie leise in ihr Kissen.

Mein lieber Ponyherz,

du glaubst nicht, was heute passiert ist. oder hast du es heimlich beobachtet? Mellis Zwillingsbruder Raffi ist aufgetaucht. Ausgerechnet jetzt, wo der Wolf im Wald herumstromert. Er will mit Melli weg, weil ihre Eltern sich scheiden lassen und sie voneinander getrennt haben. Das ist so gemein. Als ob man Geschwister einfach auseinanderreißen kann, als wären sie zwei Spielfiguren, die in verschiedene Kisten gehören. Ich verstehe die beiden. Aber Raffi im finsteren

Wald allein lassen, mitten in der Nacht? Nein. Das konnten wir nicht zulassen. Jetzt schläft er im Hühnerstall. Kein Witz. Harvey hat ihm Asyl zwischen seinen gackernden Verbündeten angeboten. Wahrscheinlich liegt Raffi nun einsam auf einem Heuballen und hat Sehnsucht nach seiner Schwester. Ich hoffe, die Hühner sind nett zu ihm. Sonst hat er morgen lauter kleine Pickspuren auf der Haut.

Und du, Ponyherz? Wo bist du gerade? Ich hab dich heute Abend gehört, glaube ich wenigstens. Oder war das hinter dem Gebüsch doch der einsame Wolf? Bitte sei vorsichtig. Bleib bei deiner Herde und trabe nicht allein umher. Ich wünschte, ich könnte dich beschützen. Könnte meine Arme um deinen Hals legen, deine Wärme spüren, deine weiche Mähne in meinen Fingern. Manchmal denke ich, du bist der Einzige, der mich wirklich versteht.

Morgen muss ich mir was für Raffi einfallen lassen. Nein, WIR. Zusammen mit Lorenz, damit er nicht beleidigt ist. Und er hat ja wirklich immer die besten Ideen. Obwohl Harvey auch ganz schön schlau ist. Wir brauchen einen guten Plan,

wie wir Raffi helfen können. Aber jetzt sitze ich hier, allein mit meinen Gedanken und meinem Bleistift. Und mit dir, Ponyherz.
Gute Nacht, mein Süßer. Ich hoffe, wir sehen uns bald.

Deine Anni

Sie scribbelt noch schnell den schönen Kopf von Ponyherz. Draußen wird es schon fast hell. Schließlich versteckt Anni ihr Tagebuch wieder sorgfältig unter ihren Pullis im Schrank und hüpft ins Bett. Und kaum hat sie die Augen zugemacht, ist sie auch schon eingeschlafen.

Mit dem ersten Hahnenschrei ist Anni wach. Raffi, schießt es ihr durch den Kopf. Hoffentlich hat er die Nacht zwischen den Hühnern gut überstanden. Eilig verschwindet sie unter die Dusche und putzt sich gleichzeitig die Zähne. Sie will keine Zeit verlieren.

Lynn war anscheinend noch früher wach als Anni. Sogar ihr Bett hat sie schon gemacht und ist wohl bereits im Rittersaal zum Frühstück. Aber als Anni unten ankommt, ist sie die Erste an ihrem Tisch.

„Wo sind denn alle?", fragt sie Bine, die gerade mit einer riesigen Schale dampfendem Porridge den Tisch von Anni ansteuert.

„Voll die Schlafmützen", kichern Ella und Greta vom Nebentisch.

„Schönheitsschlaf", lästert Bine. „Haben sie wohl nötig."

Anni liegt eine passende Antwort auf der Zunge, aber die spült sie mit einem großen Schluck Saft hinunter. Kein Streit so früh am Morgen. Deshalb löffelt sie einfach wortlos ihr Müsli und verschwindet hinaus auf den Hof.

Schnurstracks steuert sie das Hühnerhaus an und linst neugierig hinein. Richtig geraten. Raffi sitzt auf einem umgedrehten Futtereimer und stopft sich gerade ein Marmeladenbrot in den Mund. Melli hockt neben ihm auf einem Heuballen und löffelt Joghurt direkt aus dem Becher. Lorenz hat es sich auf der untersten Hühnerstange bequem gemacht und Lynn auf einem

Korb voller Stroh. Auf einem weiteren Heuballen ist ein richtiges Frühstücksbuffet aufgebaut – mit lauter leckeren Dingen aus dem Speisesaal. Mittendrin picken die Hühner Krümel aus Harveys Hand oder flattern empört auf, wenn jemand zu hektisch nach etwas zu essen greift.

Anni geht in den Hühnerstall hinein. „Ich dachte schon, du hattest die schlimmste Nacht deines Lebens, Raffi", sagt sie und verschränkt die Arme vor der Brust. „Aber sieht eher aus, als hättest du unser Frühstücksbuffet geplündert. Deshalb gab es also kaum noch Obstsalat."

„Nicht ich, das war Harveys Idee. Und die anderen haben das Essen nach und nach hierhergebracht", verteidigt sich Raffi mit vollem Mund. „Der Typ hat geniale Ideen. Ich schwöre, er könnte ein Festmahl aus einem leeren Kühlschrank zaubern."

„Und ihr frühstückt einfach gemütlich zwischen Hühnerkacke?", fragt Anni und zieht eine Augenbraue hoch.

„Besser als im Rittersaal", sagt Lorenz grinsend. „Hier fragt niemand, warum du vier Brötchen mampfst."

Melli legt ihren Löffel beiseite und schaut ihren Bruder ernst an. „Aber mal ehrlich, Raffi, das Hotel Hühnerparadies kann nicht ewig dein Zuhause sein. Wir brauchen einen Plan."
„Ich hab doch längst einen!", verteidigt er sich. „Melli und ich hauen einfach ab. Zusammen. Wir gehen weit weg. An einen Ort, wo uns niemand kennt."
Lynn schüttelt den Kopf. „Und wovon wollt ihr leben?"
„Bestimmt nicht von geklautem Frühstück", ergänzt Anni trocken.
Raffi seufzt. „Ein bisschen Erspartes habe ich noch. Ich will doch nur, dass wir zusammenbleiben. Ich kann mir nicht vorstellen, ohne Melli zu sein. Das fühlt sich so falsch an."
Lorenz kratzt sich am Kopf. „Es gibt sicher eine andere Möglichkeit. Versucht, euren Eltern klarzumachen, wie ihr euch fühlt. Mit meinem Onkel Pieter, bei dem ich wohne, klappt das prima. Er will ständig wissen, was mir durch den Kopf geht. Manchmal fragt er mich echt zu viel aus. Ein paar Geheimnisse sind gar nicht schlecht." Er zwinkert Anni zu und ihr wird ganz heiß, sie weiß selber nicht warum.
„Bei uns läuft das so nicht. Unsere Eltern streiten sich wie die Irren. Keiner hört zu, was wir wollen", murmelt Melli.
Anni sieht sie nachdenklich an.

„Vielleicht sollten wir mit einem Erwachsenen reden, der nicht direkt in die Sache verwickelt ist. Jemand, der auf unserer Seite stehen könnte."

Lynn wirft einen Blick nach draußen, wo die Sonne langsam höher steigt. Eine Glocke schlägt an, das bedeutet, die Frühstückszeit ist um.

„Aber wer könnte das sein?", fragt Raffi. „Erwachsene ticken doch alle gleich."

„Ich weiß es auch noch nicht", gibt Anni zu. „Aber wenn ihr weglauft, dann habt ihr erst recht keine Chance mehr, etwas zu ändern. Dann sind alle einfach sauer. Und wenn meine Mutter sauer ist, hört sie mir nie zu. Sie muss sich erst wieder beruhigen." Anni macht eine kurze Pause und grinst plötzlich. „Außerdem, wie lange hältst du es ohne Dusche aus?"

Raffi verzieht verlegen das Gesicht und schnuppert an seinem Ärmel. „Okay, fairer Punkt." Er guckt Lorenz an. „Wenn ihr Unterricht habt, kann ich dann heimlich bei euch duschen? Ich muss nur vorher meinen Rucksack aus dem Wald holen, den hab ich heute Nacht auf dem Hochsitz vergessen."

„Na klar", sagt Lorenz. „Das kriegen wir hin."

Melli lehnt sich an ihren Bruder und nimmt seine Hand. „Wir finden eine Lösung, oder?"

Lorenz hebt seinen Becher Saft. „Definitiv. Aber erst mal frühstücken wir zu Ende. Das hier ist echt zu lecker, um es den

Hühnern zu überlassen. Anni, hier ist noch was von deinem heiß geliebten Obstsalat. Hab ich für dich aufgehoben."

Anni lacht leise und setzt sich neben ihn auf die Stange. Ihre Arme berühren sich und Anni spürt plötzlich eine kribbelige Gänsehaut.

*Alles wird gut*, denkt sie zufrieden. Sie haben noch keinen endgültigen Plan, aber immerhin sind sie sich einig: Sie werden Melli und Raffi nicht im Stich lassen. Egal, was kommt.

Zum Glück geht es heute mit Englisch bei Mr. Grant los. Denn sein Unterricht sind die lustigsten Stunden der Woche. Der Lehrer mit dem wilden Lockenschopf und dem britischen Akzent liebt Wortspiele und verteilt für falsche Antworten lachend Bonbons, anstatt sich zu ärgern. Heute müssen sie ein absurdes Theaterstück improvisieren. Lorenz mimt einen griesgrämigen Schafhirten, der sich mit einer sprechenden Tomate (dargestellt von Lynn) streitet. Die Klasse biegt sich vor Lachen, Mr. Grant klatscht in die Hände. „Brilliant! More drama, please!" Gerade als Lorenz theatralisch auf die Knie sinkt, öffnet sich die Tür. Die Stimmung kippt abrupt. Sam, die Rangerin, tritt ein, dicht gefolgt von Pieter. Beide sehen ernst aus.
„Mellis Bruder ist weggelaufen", sagt Sam ohne Umschweife. „Seine Eltern sind in großer Sorge und vermuten ihn hier in der Schule. Hat jemand einen fremden Jungen gesehen?"

Sie geht in großen Schritten auf Melli zu und nimmt sie in die Arme. „Das ist jetzt sicher sehr schwer für dich, meine Liebe. Ich habe von deinen Eltern erfahren, wie eng ihr miteinander seid. Das Geschwisterband ist bei Zwillingen ja besonders stark. Wenn du etwas weißt, musst du es uns sagen. Bitte vertraue mir, es ist zu Rafaels Bestem. Einfach weglaufen ist keine Lösung."

Melli befreit sich mit einem heftigen Ruck aus Sams Umarmung. Ihr Gesicht ist krebsrot. „Ach, plötzlich machen sich unsere Eltern Sorgen? Solche Verräter. Seit sie sich nur noch streiten, sind wir doch Luft für sie. Mich wundert es, dass es sie überhaupt interessiert, dass Raffi fort ist. Aber ihr habt euch ja anscheinend von ihren Lügen einwickeln lassen." Sie bricht in Tränen aus. „Und ich hab wirklich keine Ahnung, wo Raffi steckt! Lasst mich einfach in Ruhe!"

„Melli!" Lorenz steht auf und geht zur ihr, legt ihr eine Hand auf den Arm. „Wir wissen, wie gern du deinen Bruder hast. Aber jetzt beruhige dich erst mal. Wollen wir einen Moment an die frische Luft gehen?" Seine Stimme klingt so sanft wie damals, als Anni weinend zu ihm gelaufen ist, weil Ponyherz von einem Tag auf den anderen verschwunden war. Das stört Anni irgendwie und sie schämt sich dafür.

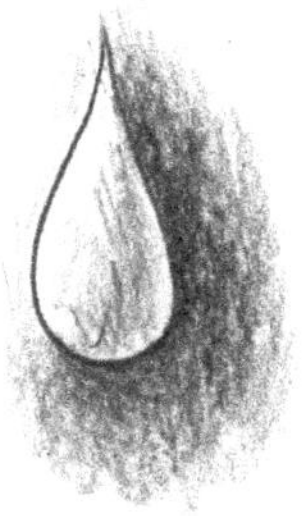

Melli schüttelt den Kopf. „Geht schon wieder", sagt sie fast tonlos.

„Sam, Pieter – ihr haltet uns sicher auf dem Laufenden, falls es Neuigkeiten gibt, oder?", bittet Lorenz.

Pieter nickt langsam, mustert Melli jedoch mit einem forschenden Blick. Anni spürt, dass er ihr nicht glaubt. Aber was soll er unternehmen, wenn alle schweigen? Melli presst die Lippen aufeinander. Anni kann sehen, dass ihre Hände zu Fäusten geballt sind.

„Wenn einer von euch etwas mitbekommt, muss er es uns so schnell wie möglich sagen", meint Pieter. Sein Augen schauen Anni forschend an. „Die Sache ist wirklich ernst. Wer schweigt, bringt Raffi in Gefahr."

Anni spürt, wie ihr Herz rast. Sie wagt es nicht, sich zu rühren. Lorenz hat sich wieder auf seinen Platz gesetzt, aber er macht ein sehr besorgtes Gesicht. Lynn verschränkt die Arme vor der Brust, Harvey starrt auf sein Englischbuch, als wolle er darin verschwinden.

Sekunden vergehen wie Stunden.

Dann räuspert sich Mr. Grant. „Well, falls jemand etwas hört oder sieht, werdet ihr es natürlich auf der Stelle erfahren", sagt er in Sams und Pieters Richtung. „Bis dahin setzen wir den Unterricht fort."

Anni atmet langsam aus. Gerade noch mal gut gegangen.

In der Pause schleichen sich Anni, Lorenz, Melli, Harvey und Lynn in eine stille Ecke des Hofes.
„Das wird echt schwierig", murmelt Lynn. Sie schlingt die Arme um sich, als könnte sie so die Anspannung abschütteln.
Harvey tastet nach ihrer Hand. „Du bist ja eiskalt." Seine Stimme klingt besorgt.
„Wir können Raffi nicht verraten!", zischt Melli. „Vielleicht ist es wirklich am besten, wenn ich so schnell wie möglich mit ihm abhaue. Dann kriegt ihr auch keinen Ärger, wenn alles rauskommt." Ihre Augen blitzen entschlossen, doch ihre Hände zittern.
„Leiser!", mahnt Anni, als sie bemerkt, wie Bine einige Meter entfernt neugierig den Kopf hebt.
„Um uns brauchst du dir keine Sorgen machen", sagt Lorenz ruhig. „Wir haben schon einiges durchgestanden. Stimmt's, Anni?" Seine Augen ruhen auf ihr, ein verschmitztes Lächeln umspielt seine Lippen.

Diese verdammt niedlichen Grübchen auf seinen Wangen! Anni spürt, wie ihr Gesicht ganz heiß wird.
„Äh … na klar!“ Sie räuspert sich, zwingt sich zu einem möglichst coolen Tonfall. „Wir haben schon krasse Sachen überlebt. Ewig lange Storys, sage ich dir, Melli. Und glaube mir, weglaufen ist nicht halb so entspannt, wie man denkt. Das ist jede Menge Stress.“ Sie bemüht sich, Lorenz nicht anzugucken, bis ihre Gesichtshaut wieder eine normale Körpertemperatur erreicht.
„Was sollen wir denn sonst tun? Warten, bis uns jemand verpfeift?“, faucht Melli.
„Auf keinen Fall“, wirft Harvey ein. Seine Stirn ist in Falten gelegt. „Wir brauchen eine gute Idee. Und zwar sofort.“
Ein kalter Windstoß fegt über den Hof. Anni weiß, dass sie alle dasselbe spüren: Die Lage ist kurz davor, außer Kontrolle zu geraten.
Lorenz ballt eine Hand zur Faust. „Okay, also lasst uns über einen Plan nachdenken, bevor es jemand anderes für uns tut. Jeder denkt für sich darüber nach und dann werfen wir unsere Ideen zusammen.“

Die nächste Doppelstunde beginnt und Anni hat ein flaues Gefühl im Magen. Normalerweise freut sie sich auf den Unterricht bei Sam. Aber heute … heute würde sie der Rangerin am liebsten aus dem Weg gehen. Es fühlt sich falsch an, ihr direkt in die Augen zu sehen, nachdem sie sie vorhin angelogen hat. Aber Anni musste es tun.
Für Melli. Für Raffi.
Die Gruppe macht sich auf in den Wald. Es geht um Spurensuche – Sams Spezialgebiet.
„Besonders die Wolfsspuren interessieren uns", sagt sie und blickt in die Runde. „Haltet die Augen offen. Wer etwas findet, meldet sich sofort."
Anni wirft Lorenz einen raschen Blick zu. Sie wissen beide, dass sie heute auf viel mehr achten müssen als nur auf Wolfsspuren. Raffi ist vielleicht gerade unterwegs zum Hochsitz, um seinen Rucksack zu holen. Sie müssen verhindern, dass ihn jemand sieht.
Lustlos sucht Anni mit den Augen den Waldboden ab. Der Ausflug in den Wald macht ihr heute so gar keinen Spaß. Lorenz scheint es ähnlich zu gehen. Er starrt unterwegs immer wieder in den wolkenlosen Himmel, der zwischen den dichten Baumkronen hervorblitzt.
Plötzlich bleibt Anni stehen. Ihr Herz schlägt schneller, als sie die frische Spur im feuchten Waldboden entdeckt. Große Pfo-

ten, tiefe Krallenabdrücke. Das kann nur eins bedeuten: Ein Wolf ist ganz in der Nähe.

„Äh, Sam?“ Annis Stimme ist heiser. Sie schluckt und versucht, ruhig zu bleiben. „Ich glaube, ich hab was gefunden.“

Sofort ist Sam an ihrer Seite. Mit einem prüfenden Blick mustert sie die Spur. „Sehr gut gesehen, Anni. Das ist eine ganz frische Wolfsspur“, sie nickt anerkennend. „Kommt alle mal her!“, ruft sie die Klasse zu sich. „Schaut euch die Tiefe der Abdrücke an – der Wolf war vor höchstens einer Stunde hier.“

Lorenz tritt dicht neben Anni und die beiden sehen sich kurz in die Augen. Ein stilles Einverständnis liegt darin. Sie dürfen Raffi nicht gefährden. Doch jetzt haben sie ein Problem: Diese Spur führt in die Richtung des Hochsitzes. Und Raffi ist vielleicht gerade dort, um seinen Rucksack zu holen.

„Was machen wir jetzt?“, flüstert Melli Lorenz und Anni zu. Sie schaut sich mit ängstlichen Augen über die Schulter um. Dann fragt sie lauter: „Ist der Wolf hier noch irgendwo?“

Sam verzieht nachdenklich das Gesicht. „Das ist gut möglich. Wölfe meiden normalerweise Menschen, wie ihr wisst. Aber wenn wir Glück haben, können wir ihn vielleicht aus der Ferne beobachten. Sollte es derselbe Wolf sein wie gestern, ist es ja vermutlich ein junges Tier." Sie dreht sich zu der Gruppe um. „Wir folgen der Spur, vorsichtig und leise. Keine hektischen Bewegungen, verstanden?"

Anni spürt, wie sich ihre Kehle zuschnürt. Das darf nicht passieren! Wenn die Spur nun direkt zur Lichtung mit dem Hochsitz führt und Raffi wirklich gerade dort ist ...? Ihr Blick huscht zu Lorenz, dann zu Melli. Sie müssen handeln – jetzt.

„Ähm, Sam?" Lorenz deutet mit gespielter Aufregung in eine andere Richtung. „Was ist mit der Spur dahinten? Die sieht auch interessant aus! Von welchem Tier ist die?"

„Hm ... zeig sie mir mal." Sam dreht sich um und geht ein paar Schritte zu der vermeintlichen Spur.

Anni atmet tief durch. Es ist nur eine Ablenkung, aber vielleicht reicht es, um Raffi genug Zeit zu verschaffen. Doch sie weiß: Die Gefahr ist längst nicht vorbei. Und tatsächlich kommt es noch schlimmer: Bine, die sich sonst immer davor drückt, in den Wald zu gehen, heftet sich an Annis Fersen. Dabei hat Anni gerade wirklich andere Sorgen.

„Boah, Anni, jetzt guck nicht so genervt", sagt sie. „Von dir kann ich noch was lernen, sagt Sam. Ist gut für meine Zeugnisnote."

Anni presst die Lippen zusammen. Natürlich hat Bine ausgerechnet heute den Ehrgeiz, ihre Leistungen zu verbessern. Am liebsten würde sie die Streberin abwimmeln.
Sie stapfen tiefer in den Wald. Die Äste knarren in der Sommerhitze, aber das feuchte Moos dampft immer noch vom letzten Regenschauer.
Schließlich erreichen sie die Lichtung mit dem Hochsitz. Anni kann aus den Gesichtern ihrer Freunde ablesen, dass sie genauso nervös sind wie sie selbst. Die Gruppe läuft jetzt dicht am Hochsitz vorbei.
Auf einmal bleibt Bine stehen. „Hey, was ist das da oben?" Sie zeigt aufgeregt auf den Hochsitz.
Anni stolpert vor Schreck fast über eine Wurzel. Ihr Herz hämmert. Ein Schatten bewegt sich dort zwischen den Ästen, mit denen der Hochsitz getarnt ist. *Oh nein, Raffi!*
Bine japst. „Da ist jemand! Das ist doch – das ist vielleicht Mellis Bruder!"
Oh nein.
„Sam! Sam, da oben ist Raffi!" Bines Stimme schneidet durch den Wald wie eine Sirene.
Melli schlägt erschrocken die Hände vors Gesicht und auch Anni erstarrt. Alles in ihr schreit danach, Bine den Mund zuzuhalten, Sam von Bines Gebrüll abzulenken, irgendetwas zu tun, um Raffi zu retten – aber es ist zu spät.

Die Augen der Rangerin verengen sich. „Wo?“
Raffi muss die Rufe gehört haben, denn der Schatten oben auf dem Hochsitz verzieht sich hastig nach hinten, kracht dabei aber gegen die Holzwand. Ein trockener Ast knackt laut.
„Mist!“ Lorenz schimpft leise vor sich hin.
Sam zögert keine Sekunde. Sie rennt Richtung Hochsitz. „Raffi! Komm bitte sofort da runter! Ich bin Sam, Mellis Lehrerin.“ Ihre Stimme klingt scharf, aber nicht wütend – eher besorgt.
Oben auf dem Hochsitz rührt sich nichts mehr. Anni hält den Atem an. Hat Raffi sich verletzt? Oder überlegt er gerade, ob er fliehen soll?
„Raffi, wir wollen dir helfen!“, ruft Sam nun ruhiger. Sie steht direkt unter dem Hochsitz und umfasst mit ihren Händen bereits die Leiter. „Komm runter zu uns. Deine Schwester ist auch hier.“
Lange Sekunden vergehen. Dann bewegt sich etwas. Ein Gesicht taucht über dem Rand der Plattform auf. Blass, verlegen, aber auch trotzig.
„Nein!“, ruft Raffi. „Lasst mich in Ruhe!“
Melli tritt neben Anni. Ihre Hände zittern. „Oh nein, oh nein …“ Ihre Stimme ist kaum mehr als ein Flüstern.
„Raffi, du kannst hier nicht bleiben“, versucht es Sam erneut. „Deine Eltern machen sich Sorgen. Du bist in Gefahr.“

Raffi lacht bitter. „Ach ja? Seit wann interessiert sie, wie es mir geht?“
Anni schluckt. Das war genau das, was Melli vorhin auch gesagt hat.
Anni zieht Sam am Ärmel. „Du machst ihm Angst“, flüstert sie.
Im selben Augenblick springt Raffi vom Hochsitz. Er stöhnt schmerzerfüllt auf, als er auf dem Boden landet, doch das hindert ihn nicht daran, sofort loszurennen, als hänge sein Leben davon ab.
„Lauf, Raffi! Lauf!“, ruft Melli.
„Raffi!“ Sam setzt ihm mit schnellen, zielstrebigen Bewegungen nach, aber das Dickicht verschluckt ihn augenblicklich.
Atemlos kehrt Sam kurz darauf zur Gruppe zurück. „Warum hat mir keiner von euch geholfen, ihn einzuholen?“, fragt sie mit funkelnden Augen.
Niemand antwortet, nur die Vögel zwitschern in der Ferne.
Schließlich tritt Harvey neben die Rangerin. „Sam, wir sind keine Verräter.“
In diesem Moment bricht es aus Melli heraus. Die Wut, die Angst, die Enttäuschung. „Aber Bine ist eine Verräterin! Eine ganz schlimme Verräterin!“ Sie schaut Bine direkt ins Gesicht. „Du bist schuld, wenn Raffi jetzt was passiert.“
Die Worte treffen Bine wie ein Schlag. Sie steht mit hängenden Schultern da, ihre Stimme ist voller Enttäuschung. „Ich wollte

nur helfen. Sam hat doch gesagt, es ist zu gefährlich im Wald für Raffi", sagt sie leise, die Augen auf den Boden gerichtet. „Es tut mir echt leid, Melli. Ich hatte keine Wahl." Dicke Tränen laufen über ihre Wangen.

Sam umarmt sie spontan. „Du bist an nichts schuld", sagt sie. „Ich habe die Sache vermasselt. Anscheinend habe ich mich nicht sehr geschickt verhalten und Raffi erschreckt."

Die Luft vibriert vor Spannung und die Zeit steht still. Raffi ist in den finsteren Wald geflüchtet und nun ganz allein.
*Wie schlimm kann es noch kommen?*, denkt Anni. Und nun weint auch sie.

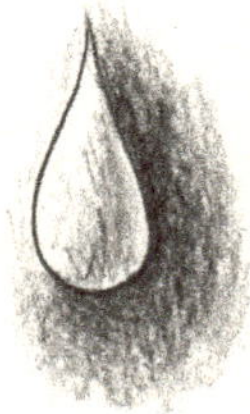

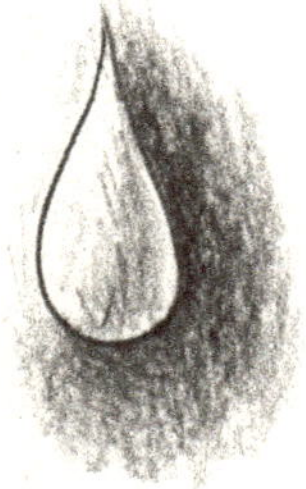

Mein lieber Ponyherz,

heute ist etwas Furchtbares passiert. Ich kann es kaum fassen. Raffi ist aus dem Hochsitz gesprungen und vor Sam geflüchtet, Bine hat ihn verraten. Jetzt weiß niemand, wo er ist. Die Erwachsenen suchen ihn da draußen im Wald, aber keiner versteht, wie man den Wald durchquert, ohne von ihm verschluckt zu werden. Nur ich kenne die geheimen Wege, die ihr Wildpferde benutzt. Du hast sie mir alle gezeigt.
Ich hoffe, Raffi hat den Weg zu dir und deiner Herde gefunden. Vielleicht ruht er sich aus an unserem geheimen Ort, unter den alten Bäumen,

wo der Wind uns Geschichten erzählt. Vielleicht hat ihm der Wald den Weg geflüstert. Oder du hast ihm geholfen? Aber was, wenn Raffi sich verirrt hat?

Ich wünschte, du wärst hier, Ponyherz. Ich wünschte, du würdest mit mir zwischen den Bäumen hindurchgaloppieren und wir würden zusammen den Duft der Erde einatmen, der uns immer wieder die richtige Richtung zeigt. Ihr Wildpferde wisst so viel mehr als wir Menschen. Ich muss Raffi finden, bevor er in den Tiefen des Waldes verloren geht. Ich weiß, du verstehst mich, Ponyherz. Du hast mich immer verstanden. Du warst immer da, wenn ich dich gebraucht und ich mich verloren gefühlt habe. Und jetzt brauche ich dich mehr denn je. Ich hoffe, du wartest da draußen auf mich. Ganz bald kann ich dich wieder umarmen, mein treuer Beschützer.

Ich werde es schaffen. Ich werde Raffi finden. Mit deiner Hilfe.

In Liebe

Anni

Anni hatte fest vor, sich am Nachmittag in den Wald zu Ponyherz zu schleichen, doch es ist unmöglich, das Internatsgelände zu verlassen. Anscheinend haben die Erwachsenen einen sechsten Sinn, dass zumindest einige Mutige sich eigenmächtig auf die Suche nach Raffi machen könnten. Alle haben ein Auge auf die Mädchen und Jungs im Internat.
„Keine Chance, hier rauszukommen", knurrt Lorenz auf dem Weg zum Abendessen.
Anni wirft ihm einen erstaunten Blick zu. „Hattest du wirklich vor, alleine nach Raffi zu suchen?"
Lorenz zuckt mit den Achseln. „Überlegt habe ich es schon. Aber es ist ja kein Durchkommen bei den Wachhunden."
Anni muss kichern, obwohl der Anlass gar nicht lustig ist. Die sanfte Frau Lachner mit einem Wachhund zu vergleichen, ist einfach komisch. Obwohl sie tatsächlich den ganzen Tag neben dem großen Schultor Richtung Wald stand.
Das Abendessen verläuft mehr als trübsinnig. So still war es im Rittersaal noch nie. Normalerweise summt es hier wie in einem Bienenhaus. Heute hat fast niemand Appetit, nur Harvey schau-

felt genüsslich Bratkartoffeln mit Spiegelei und Apfelmus in sich hinein.
„Dass du überhaupt was runterkriegst", sagt Lynn. Sie klingt vorwurfsvoll.
„Nahrungsaufnahme hilft mir beim Denken", verteidigt er sich. „Mit einem knurrendem Magen funktioniert mein Gehirn nicht."
Lynn schiebt ihm ihren unberührten Teller hinüber. „Dann kannst du meine Portion auch gleich noch mampfen. Ich erhoffe mir davon aber einen echt zündenden Geistesblitz."
Harvey grinst ertappt. „Mir reicht dein Apfelmus", sagt er. „Äpfel enthalten viele Vitamine, das ist gut für meine grauen Zellen."
Auch Melli rührt in ihrem Apfelmus mit dem Löffel hin und her, aber ohne einen Bissen zum Mund zu führen. Anni setzt sich zu ihr an den Tisch.
„Hast du was von Raffi gehört?", flüstert sie.
Melli schüttelt den Kopf. „Wahrscheinlich ist sein Handy-Akku leer. Ich habe keinen blassen Schimmer, wo er sein könnte."
Anni denkt stirnrunzelnd nach. „Könnte es nicht sein, dass er

sich wieder ins Internat zurückschleicht, wenn alle schlafen? Der Hühnerstall war doch echt ein cooles Versteck."
„Auf gar keinen Fall", antwortet Melli. „Er will garantiert nur noch weg. Aber bestimmt nicht ohne mich. Deshalb ist es so blöd, dass sein Handy aus ist. Ich weiß ja gar nicht, wo er auf mich wartet."
Anni guckt erschrocken. „Du hast immer noch vor, mit ihm durchzubrennen? Wir waren uns doch einig, dass das keine gute Idee ist und wir eine andere Lösung suchen."
Melli steht so abrupt auf, dass ihr Stuhl nach hinten kippt. „Wir?", ruft sie hysterisch. „Wen meinst du mit *wir*? Ich sehe das völlig anders. Und mein Bruder auch." Sie stürmt aus dem Rittersaal.
„Siehste", sagt Bine, die sich sicherheitshalber an einen anderen Tisch als Melli gesetzt hat und zu Anni rüberguckt. „Der kann man es einfach nicht recht machen. Typisch Ego-Zicke."
Pia wirft Bine einen strafenden Blick zu. „Melli ist ja auch in einer total verzwickten Situation. Du solltest dich lieber mal in sie hineinfühlen, anstatt auszuteilen. Ich finde es toll, wie Anni versucht, einen Draht zu ihr zu kriegen. Sie sind ja sonst nicht unbedingt best friends."
Anni lächelt Pia dankbar an. „Stimmt. Mir geht Melli ganz oft auf den Geist. Aber jetzt möchte ich echt nicht in ihrer Haut stecken."

Lynn dreht den Daumen nach oben. „Zickenkrieg ist jetzt wirklich nicht angesagt, Bine.“

Bine steht mit finsterem Gesicht auf. „Wieso fällst ausgerechnet du mir in den Rücken, Pia? Ich dachte, wir sind Freundinnen.“

Sie räumt ihren Teller auf den Geschirrwagen und macht sich grußlos vom Acker.

Pia seufzt kopfschüttelnd. „Bine tritt echt in jeden Fettnapf dieser Welt. Sie hat das am Vormittag nicht böse gemeint, als sie Sam das Versteck von Raffi verraten hat. Sie denkt manchmal einfach nicht genug nach. Ich hatte ihn sogar vor Bine gesehen und beschlossen, nichts zu sagen.“

Anni schaut Pia verwundert an. Ihre ehemalige Erzfeindin überrascht sie in letzter Zeit immer häufiger. Aber ob Pias Einschätzung von Bine richtig ist, bezweifelt Anni. Sie hat Bines gemeinen Seitenblick auf Melli, als Raffi entdeckt wurde, nicht übersehen.

So schnell hat sich der Rittersaal noch nie geleert. Nach und nach verschwinden alle auf ihre Zimmer. Lynn und Anni ist nicht mehr nach Lesen oder Quatschen zumute. Sie putzen sich die Zähne, waschen sich ihre Gesichter, schlüpfen in die Pyjamas und wickeln sich in ihre warmen Decken. Aber einschlafen können die beiden nicht. In Annis Kopf wirbeln die Gedanken wie ein wilder Sturm. Im Bett gegenüber dreht sich Lynn unruhig von einer Seite auf die andere.

„Meinst du, Raffi ist immer noch da draußen im Wald?", flüstert Lynn schließlich. Ihre Stimme klingt besorgt.

Anni schnaubt wie Ponyherz. „Ich weiß es nicht. Ich hoffe, er hat einen sicheren Unterschlupf gefunden. Aber was, wenn nicht? Was, wenn er sich verlaufen hat oder etwas passiert ist? Melli hat gesagt, sein Handy ist aus."

Lynn zieht die Decke enger um sich. „Ich wette, sie liegt auch noch wach und grübelt."

„Sie tut mir echt leid", murmelt Anni.

Ein leises Seufzen kommt von Lynn. „Ich hab ein schlechtes Gefühl. Irgendwas wird noch passieren."

Anni nickt stumm, ihre Augenlider werden schwer. Gerade als sie in einen unruhigen Schlaf gleitet, fliegt plötzlich die Tür auf.

„Melli ist weg!“ Bine steht außer Atem im Türrahmen, mit aufgerissenen Augen. „Sie hat ihren Rucksack mitgenommen! Ich hab's eben erst bemerkt!“

Lynn springt sofort aus dem Bett. „Mist! Wir müssen es Lorenz und Harvey sagen!“ Sie hastet aus der Tür und Bine folgt ihr.

Anni hingegen hat nur einen Gedanken: Ponyherz. Sie muss augenblicklich in den Wald.

Rasch schlüpft sie in ihre Klamotten, den Pyjama lässt sie einfach darunter. Wenn Melli wirklich losgezogen ist, wird sie versuchen, Raffi zu finden. Ganz allein in einem Wald, der ihr nicht vertraut ist.

Vorsichtig huscht Anni durch den Flur, die Treppen hinunter und lauscht.

Kein Laut. Alle schlafen.

Jetzt oder nie. Sie öffnet so leise wie möglich die große Tür, die nach draußen führt. Dann läuft sie über den Hof. Der Wind trägt den Geruch des Waldes zu ihr, feucht und erdig. Die Schatten der Bäume flüstern ihr zu, locken sie in die Dunkelheit.

*Ponyherz, ich komme!*

Anni rennt in den Wald und ist schon bald tief drin, ihr Atem geht stoßweise. Ihre Füße finden instinktiv die vertrauten Pfade, die sie mit Ponyherz so oft entlanggeritten ist.

Die Nacht ist still, nur das Rauschen der Blätter und das ent-

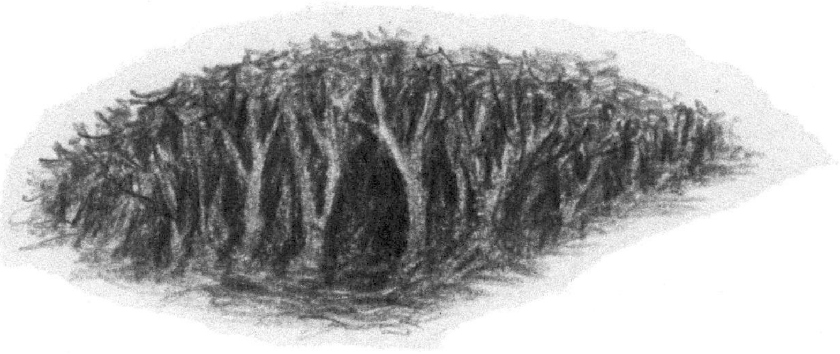

fernte Rufen einer Eule begleiten sie. Ihr Herz pocht laut in ihrer Brust. Sie muss Ponyherz finden. Nur mit ihm hat sie eine Chance, Raffi und Melli aufzuspüren.
Plötzlich hält sie inne. Ein Geräusch – ein leises Knacken. Ihr Blick wandert umher. Irgendetwas ist da. Sie spürt es, bevor sie es sieht.
Dann taucht er auf.
Der Wolf.
Jung, aber groß genug, um ihr den Atem zu rauben. In seinen gelben Augen spiegelt sich das silbrige Mondlicht. Er steht reglos da, ihre Blicke treffen sich, versinken ineinander.

„Hallo, du Hübscher“, flüstert Anni. „Lass uns friedlich bleiben. Alles ist gut.“
Sie weiß, dass sie nicht weglaufen darf. Dass sie keine Angst zeigen darf. Doch ihre Knie zittern. Sie sieht die Muskeln unter dem dichten Fell des Wolfes zucken, als würde er jeden Moment zum Sprung ansetzen.
„Ganz ruhig“, sagt sie. Ob zu sich selbst oder zu ihm, weiß sie nicht.
Der Wolf legt den Kopf leicht schief, sein Atem dampft in der Nachtluft. Sekunden verstreichen, die sich wie eine Ewigkeit anfühlen. Anni spürt, wie Panik in ihr aufsteigt – bis plötzlich ein vertrautes Geräusch die Stille zerreißt. Ein Schnauben. Ponyherz.
Wie aus dem Nichts bricht er durch das Dickicht. Sein schönes Fell glänzt im fahlen Licht, seine Mähne wirbelt umher, als er sich zwischen Anni und den Wolf stellt. Der Wolf weicht einen Schritt zurück. Sein Blick bleibt für einen Moment auf Ponyherz gerichtet – dann dreht er sich um und schlüpft in die Dunkelheit des Waldes.
Anni schnappt nach Luft. Sie merkt erst jetzt, wie sehr sie gezittert hat. Ponyherz senkt den Kopf und stupst sie sanft an, als wolle er sagen: Du bist nicht allein. Ein erleichtertes Lächeln huscht über Annis Gesicht. Sie wirft die Arme um seinen Hals und vergräbt das Gesicht in seiner warmen Mähne.

„Danke, Ponyherz", flüstert sie. Dann richtet sie sich auf. Sie hat keine Zeit zu verlieren. „Komm, wir müssen Raffi finden." Ohne zu zögern, schwingt sie sich auf Ponyherz' Rücken und gemeinsam verschwinden sie in die ungewisse Nacht.

Anni spürt den warmen, kraftvollen Körper von Ponyherz unter sich, als sie gemeinsam durch die Dunkelheit preschen. Die kühle Luft trägt den Duft von feuchter Erde, wilden Kräutern und Nadelgehölz mit sich. Ponyherz gleitet elegant durch den Wald, als sei er ein Teil davon, seine Hufe berühren kaum den Boden. Jeder Ast, jede Wurzel, jede Lichtung ist Anni bekannt. Doch nicht den Geschwistern, die sie suchen.
„Melli!" Annis Stimme hallt durch die Nacht, aber die einzige Antwort ist das Zirpen der Grillen und das ferne Rufen einer Eule. „Raffi! Wo seid ihr?"
Ponyherz schnaubt und hält kurz inne, lauscht. Sein gespitztes Ohr zuckt, dann setzt er sich wieder in Bewegung. Der Mond wirft silberne Schlieren auf den Waldboden. Anni presst sich enger an Ponyherz. Immer wieder ruft sie nach den Zwillingen, doch die dicht stehenden Bäume verschlucken ihre Worte.

Plötzlich bleibt Ponyherz wieder stehen. Seine Nüstern blähen sich, er hebt den Kopf. Anni spürt, wie angespannt sein ganzer Körper ist, jede Faser bereit zum Sprung. Ein Kribbeln läuft ihr den Rücken hinunter.

„Was ist, mein Schatz? Hast du Raffi oder Melli gewittert?"

Dann hört sie es auch. Ein leises Rascheln, ein Knacken im Unterholz. Hoffnung flammt in ihr auf.

„Hallo?" Sie lässt Ponyherz einen Schritt näher treten, schaut sich suchend um.

Aber da ist niemand. Nur das Rauschen der Blätter, der sanfte Hauch des Sommerwindes. Enttäuschung mischt sich mit immer mehr Sorge.

Ponyherz setzt sich wieder in Bewegung, führt sie sicher durch das Labyrinth aus Bäumen, vorbei an geheimen Orten, die nur die Wildpferde kennen und die Anni noch nie zuvor gesehen hat. Und auf einmal treten sie lautlos aus den Schatten hervor. Ein Dutzend schimmernder Silhouetten, anmutig, wild. Ponyherz' Herde.

Anni hält den Atem an. Die helle Stute, jung und wunderschön, trabt zu ihnen. Ponyherz' Freundin. Ihre großen dunklen Augen mustern Anni freundlich. Die anderen Wildpferde umringen sie. Anni spürt die Kraft der Herde, die unausgesprochene Verbindung, die zwischen ihnen fließt. Sie ist nicht allein. Ponyherz ist nicht allein. Gemeinsam werden sie es schaffen.

Mit neuem Mut lenkt Anni ihr Pferd weiter, nun begleitet von den wilden Geistern des Waldes. Der Weg führt sie aus den Bäumen hinaus, hinüber zu den sanften Hügeln, wo sich das Anwesen des Grafen Meerfeld erhebt. Im schwachen Mondlicht erkennt Anni die hohen Mauern, die dunklen Umrisse der Gebäude. Die Nacht ist noch lange nicht vorbei.
„Hier wohnt der Graf also", flüstert Anni. Sie starrt beeindruckt auf das Anwesen, das so gar nicht nach einem Spukschloss aussieht, wie Harvey meinte. „Ganz schön schick."
Einige Räume sind noch beleuchtet. Der Graf ist anscheinend ziemlich lange auf.
Die Wildpferdherde bleibt stehen, doch Ponyherz trabt vorsichtig weiter, fast bis ans Tor, das auf das Anwesen führt. Er

schnaubt aufgeregt und wirft den Kopf hin und her. Die helle Stute schließt zu ihnen auf und macht es ihm nach.

„Was ist, ihr Lieben?“, fragt Anni. „Meint ihr, Raffi ist hier? Oder Melli? Oder vielleicht sogar beide?“

Sie rutscht von Ponyherz’ Rücken und umarmt ihren Freund noch einmal heftig, um sich Mut zu machen. „Drück mir die Hufe, Ponyherz“, flüstert sie.

Ponyherz und die helle Stute begleiten sie noch ein kleines Stück und beobachten sie wachsam.

Anni presst sich an die kühle Steinmauer, ihr Herz klopft heftig.

Sie wagt einen Blick nach links, dann nach rechts. Niemand zu sehen. Langsam schiebt Anni sich durch das schmiedeeiserne Tor, das zum Glück nicht quietscht. Ihr Blick wandert zu den erleuchteten Fenstern des herrschaftlichen Wohngebäudes. Vorsichtig setzt sie einen Fuß vor den anderen, die Kieselsteine unter ihren Turnschuhen knirschen leise.

Das Anwesen ist größer, als sie es sich vorgestellt hat, mit hohen Fenstern, kunstvollen Verzierungen an der Fassade und einem ausladenden Balkon. Alles wirkt alt, aber gepflegt, als wäre es seit Jahrhunderten hier.

Sie erreicht das Wohngebäude und drückt sich unter eines der erleuchteten Fenster, um nicht sofort gesehen zu werden. Dann richtet sie sich langsam auf und wagt einen Blick über die Außenfensterbank.

Ein geräumiger Salon liegt vor ihr, mit dunklen Holzmöbeln, schweren Vorhängen und einem riesigen Kamin, in dem ein kleines Feuer prasselt. Das Pendel einer antiken Uhr auf dem Kaminsims bewegt sich hin und her. Anni sucht mit ihren Augen den Raum ab. Sind die Zwillinge hier?

*Bitte, bitte, bitte*, denkt sie flehentlich.
Plötzlich packt sie eine Hand fest am Handgelenk.
„Na, wen haben wir denn hier? Sind heute etwa nur Ausreißer unterwegs?"
Anni wirbelt herum. Vor ihr steht ein groß gewachsener Mann mit wettergegerbtem Gesicht und einer Schürze um die Hüften. Seine breiten Schultern verraten, dass er hart arbeitet – vermutlich im Stall. Sein dunkler Blick mustert sie streng, doch ein leichtes Lächeln umspielt seine Lippen.
„Ich … ich suche jemanden. Also, eigentlich zwei … Freunde", stottert Anni.
Doch bevor sie weiterreden kann, ertönt eine ruhige Stimme aus dem Haus. Anni schaut zur Eingangstür des Wohnhauses, die jetzt offen steht.
„Was ist denn nun schon wieder los? Wer ist da, Wilhelm?"

Aus dem Schatten des Flurs tritt ein alter Mann, der Anni sofort den Atem stocken lässt. Er ist groß und hager und sein langes, silbernes Haar fällt in welligen Strähnen auf seine Schultern. Sein Gesicht ist von tiefen Falten durchzogen, die Geschichten eines langen Lebens zu erzählen scheinen. Er trägt einen dunklen, edlen Gehrock, der an frühere Zeiten erinnert, und in seiner Hand hält er einen kunstvoll geschnitzten Gehstock, den er kaum zu benötigen scheint, denn seine Haltung ist aufrecht und stolz. Nun kommt er aus dem Haus und geht auf sie zu.

Dann mustert der Graf Anni mit einer Mischung aus Verwunderung und wohlwollendem Interesse. „Ah, ein weiterer Gast zu später Stunde“, sagt er freundlich. „Du suchst vermutlich deinen Freund Rafael und seine Schwester Melanie, nicht wahr?“

Seine ruhige Stimme nimmt Anni die Angst. „Ja, genau. Ich bin Anni, aus dem Internat. Sind die beiden bei Ihnen?“, antwortet sie hoffnungsvoll.

Der Graf nickt beruhigend. „Sie schlafen vermutlich schon tief und fest. Zuerst ist der junge Mann aufgetaucht. Er war völlig erschöpft und hungrig, der Arme. Wen wundert es, bei allem, was passiert ist. Er hat mir die ganze Geschichte genau erzählt. Ehrlich gesagt, es erstaunt mich nicht, dass er weggelaufen ist. Später hat Wilhelm dann Rafaels Schwester hierhergebracht. Ich hatte Wilhelm in den Wald geschickt, um sie zu suchen.“ Der Graf weist auf den Mann, der Anni entdeckt hat, und fährt dann fort: „Das Mädchen hatte sich in der Dunkelheit natürlich verlaufen. Auch wenn Durchbrennen keine Lösung ist – die zwei sollen sich erst mal ausruhen. Morgen sieht die Welt schon wieder ganz anders aus.“

Anni guckt den Grafen fassungslos an. Wie cool, dass er nicht

gleich die Polizei gerufen hat. So etwas machen Erwachsene doch sonst.
„Allerdings habe ich nicht damit gerechnet, dass ein weiterer Gast auftaucht. Ich hoffe, es kommen nicht noch mehr, mein Kühlschrank ist nicht auf so viel Besuch eingestellt." Der Graf zwinkert belustigt. „Und nun rein mit dir an den warmen Kamin, bevor du dir eine Erkältung holst. Eigentlich solltest du doch auch längst im Bett sein, nicht wahr? Aber eine heiße Schokolade lehnst du sicher nicht ab, oder?" Ein sanftes Lächeln huscht über sein Gesicht.

Der Duft von geschmolzener Schokolade und warmer Milch liegt in der Luft, während Graf Meerfeld die dampfenden Tassen auf den kleinen Tisch vor dem Kamin stellt. Anni streckt die kalten Hände aus und spürt, wie die Wärme des Feuers langsam in ihren Körper dringt. Sie nimmt vorsichtig einen Schluck. Die süße, samtige Flüssigkeit beruhigt ihre aufgewühlten Gedanken.
Der Graf setzt sich ihr gegenüber in einen alten, gemütlichen Sessel. Die Flammen werfen tanzende Schatten auf sein mar-

kantes Gesicht. Eine Weile herrscht Stille, nur das leise Knistern des Feuers erfüllt den Raum.
„Was wird jetzt aus Raffi und Melli?“, fragt Anni schließlich. „Ihre Eltern … sie wollen die beiden trennen. Auf unterschiedlichen Internaten sind sie schon.“
Der Graf nickt langsam. „Eine Scheidung ist für Kinder schwer genug. Doch wenn sie auch noch voneinander getrennt werden sollen, obwohl sie das auf keinen Fall möchten … Das ist nicht richtig.“
Anni beißt sich auf die Lippe. „Aber was kann man tun? Erwachsene hören nicht auf Kinder.“
Ein Schmunzeln huscht über das Gesicht des alten Mannes. „Vielleicht nicht immer. Aber sie hören auf kluge Argumente. Und manchmal … auch auf alte Grafen.“
Anni blinzelt verwirrt. „Was meinen Sie?“
Der Graf lehnt sich zurück und schließt für einen Moment die Augen, als würde er nach den richtigen Worten suchen. „Nun, ich habe aufgrund meines hohen Alters und meiner Lebenserfahrung gewissen Einfluss auf Menschen. Auch wenn ich leider keine eigenen Kinder habe, kann ich mich gut in sie hineinfühlen. Ich bin tief drin in meinem Herzen wohl immer ein kleiner Junge geblieben. Auch ich habe es früher nicht immer leicht gehabt und meine Eltern haben mir oft nicht zugehört. Aber die Zeiten ändern sich, sie müssen sich ändern. Die Wünsche

und Gefühle von Kindern sind genauso wichtig wie die von Erwachsenen. Wenn man die Eltern der Zwillinge also überzeugen könnte, dass es eine bessere Lösung gibt …"

Anni setzt sich aufrechter hin. „Und welche?"

„Na ja, wir müssen ihnen klarmachen, wie wichtig es ist, dass Melanie und Rafael in eine Schule gehen, wo sie zusammenbleiben dürfen. Hier im Internat oder anderswo." Er mustert Anni aufmerksam. „Dazu bräuchten wir aber Unterstützung. Jemanden, der bei den Eltern ein gutes Wort einlegt. Lehrer, die sich für sie einsetzen."

„Unsere Rangerin Sam wird helfen!", platzt es aus Anni heraus. Der Gedanke kommt ihr zum ersten Mal und fühlt sich sofort richtig an. „Und Pieter, dem der Pferdehof gehört, bestimmt auch."

Der Graf lächelt. „Ich habe die beiden schon kennengelernt. Und auch die gute Frau Wittenberg. Mit den dreien haben wir schon ein starkes Bündnis. Wenn wir es geschickt angehen, können wir Melanies und Rafaels Eltern vielleicht zum Nachdenken bringen."

Anni spürt, wie Hoffnung in ihr aufkeimt. Plötzlich scheint es eine echte Lösung zu geben. Auch wenn sie Frau Wittenberg nicht sehr viel Diplomatie zutraut. Aber der Graf scheint ja einen guten Einfluss auf sie zu haben, das ist Anni bereits aufgefallen.

Der Graf nimmt einen Schluck seiner Schokolade und zwinkert ihr zu. „Morgen früh schmieden wir einen konkreten Plan. Aber jetzt, meine Liebe, solltest du dich ein wenig ausruhen. Die restliche Nacht ist kurz genug. Und auch so alte Leute wie ich brauchen Schlaf. Wilhelm hat dir das kleine Gästezimmer fertig gemacht. Er ist wirklich eine Seele."

Anni nickt langsam. Sie weiß, dass sie keine Sekunde schlafen wird, aber zum ersten Mal seit Stunden hat sie das Gefühl, dass alles gut werden kann. Am liebsten würde sie den Grafen umarmen. Doch er merkt sicher auch so, wie dankbar sie ist.

Der Graf begleitet sie noch bis zu ihrem Zimmer. „Gute Nacht", wünscht er. „Morgen ist ein neuer Tag und er wird schön. Das spüre ich in meinen alten Knochen." Er zieht sich lächelnd zurück.

Anni bleibt einen Moment in der Tür stehen und betrachtet das kleine Gästezimmer. Es ist gemütlich, wenn auch etwas in die Jahre gekommen. Die Wände sind mit dunkelgrüner Tapete bezogen. Ein schmaler Teppich mit blumigen Mustern liegt vor dem einfachen, aber einladenden Bett mit einer weich aussehenden Decke. Auf dem

kleinen Holztisch neben dem Bett hat Wilhelm ordentlich ein weißes Handtuch gefaltet, daneben liegen eine Zahnbürste und eine kleine Tube Zahnpasta. Sogar eine Wasserflasche hat er hingestellt.
Anni setzt sich auf die Bettkante und zieht die Decke um sich. Draußen klopft der Wind leise an die Fensterläden, irgendwo knarrt eine Diele. Aber all das wirkt nicht bedrohlich, sondern seltsam beruhigend.
Wie praktisch, dass Anni immer noch ihren Pyjama unter ihren Sachen anhat. Sie zieht die Klamotten aus und legt sich hin. Durch ihren Kopf wirbeln tausend Gedanken – über Raffi und Melli, über den Grafen, über morgen. Aber sie fühlt sich nicht mehr machtlos. Sie schaut aus dem Fenster. Irgendwo da draußen ist Ponyherz mit seiner Herde. Und der junge Wolf. Aber der hat nun seinen Schrecken verloren, Ponyherz hat ihm ja gezeigt, wer im Wald das Sagen hat. Als Anni die Augen schließt, meint sie, noch einmal das Zwinkern des Grafen vor sich zu sehen und das fröhliche Wiehern ihres Wildpferdes zu hören. Und ganz langsam sinkt Anni in den Schlaf.

Als Anni aufwacht, weiß sie im ersten Moment nicht, wo sie ist. Die Decke ist ungewohnt weich, das Licht fällt durch alte Fensterläden in schmalen Streifen auf den Boden. Dann hört sie Stimmen. Aufgeregt, fröhlich, erleichtert. Im nächsten Moment stürmen Melli und Raffi in ihr Zimmer.

„Anni!“ Melli wirft sich auf das Bett und umarmt sie stürmisch. „Oh Mann, sind wir froh, dass du da bist!“

Raffi bleibt einen Moment in der Tür stehen, dann setzt er sich auf die Bettkante und grinst schief. „Ehrlich, Anni. Ohne dich wäre das alles anders gelaufen. Cool.“

Anni setzt sich langsam auf. Sie fühlt sich noch ein bisschen zerknautscht von der Nacht, aber ihr Herz wird warm bei ihren Worten. Und so fröhlich hat sie Melli noch nie erlebt.

„Ach, Quatsch. Ich hab euch einfach nur gesucht. Und zum Glück gefunden.“

Melli nickt heftig. „Der Graf ist echt der Beste! Weißt du was? Er hat heute Morgen mit Sam und Pieter telefoniert! Die sind schon auf dem Weg hierher."

Anni blinzelt überrascht. „Wirklich?" Ein Kribbeln breitet sich in ihrem Bauch aus. Das macht die ganze Situation noch ein bisschen echter – und bedeutet zugleich, dass sie sich bald erklären muss. Schließlich ist sie selbst auch weggelaufen.

Raffi klatscht in die Hände. „Aber erst mal gibt's Frühstück! Wilhelm hat extra Brötchen geholt."

Melli packt Annis Hand und zieht sie lachend aus dem Bett. „Du musst unbedingt mitkommen! Es riecht soooo lecker nach Kakao und Rührei! Und der Graf wartet schon auf uns."

Noch immer etwas überrumpelt, aber auch voller Vorfreude steht Anni auf und zieht sich schnell an. Gemeinsam laufen sie den langen Flur entlang, vorbei an kunstvollen Gemälden und alten Kommoden, bis sie den Frühstückssaal betreten.

Der Tisch ist reich gedeckt – frische Brötchen, duftender Kaffee für den Grafen, heiße Schokolade für die Gäste, hausgemachte Marmelade, Rührei und sogar ein Stapel goldgelber Pfannkuchen. Der Graf sitzt bereits an seinem Platz und mustert sie mit einem wohlwollenden Lächeln.

„Ah, unsere kleine Ausreißerin Nummer drei ist endlich wach."

Seine Augen blitzen belustigt, während er den dampfenden Kakao für sie in eine große Tasse schenkt. „Setz dich, Anni. Wilhelm hat uns heute ein Festmahl bereitet."
Wilhelm, der mit einer Kanne Saft aus der Küche kommt, schüttelt nur den Kopf. „Kein Grund, solch einen Wirbel um ein paar Brötchen zu machen, Herr Graf. Die jungen Leute brauchen doch was Ordentliches im Bauch."
Anni setzt sich und nimmt sich ein Brötchen. Alles fühlt sich so warm und vertraut an – fast wie eine Familie. Doch in ihrem Magen macht sich auch ein leichtes Unwohlsein breit. Sie weiß noch nicht, was sie Sam gleich sagen soll.
Der Graf hat ihren nachdenklichen Blick wohl bemerkt. Er beugt sich leicht vor und klopft ihr aufmunternd auf die Hand. „Mach dir keine Sorgen, meine Liebe. Sam und Pieter kommen nicht, um dir Vorwürfe zu machen. Sie wollen helfen."

Anni sieht zu ihm auf. Sie lächelt und greift nach ihrer Tasse. Draußen kräht ein Hahn, das geöffnete Fenster klappert in der warmen Sommermorgenbrise. Die Welt wartet auf sie – und plötzlich hat sie große Lust, ihr entgegenzutreten.

In diesem Moment öffnet sich die Tür mit einem leisen Quietschen und eine ihr sehr bekannte Stimme ruft: „Ist hier die Außenstelle vom Internat Wild Heart?"
Lorenz steht in der Tür, ein Grinsen im Gesicht. Sein Blick trifft Annis und für einen Augenblick scheint die Zeit für sie stillzustehen. Am liebsten würde sie aufspringen und ihm um den Hals fallen. Sie ist so froh, dass er anscheinend nicht auf sie sauer ist, weil sie ohne ihn losgezogen ist. Das ist ihr viel wichtiger als die Meinung von Sam und Pieter.
„Wild Heart? Der Name ist voll cool. Wir haben ja immer noch keinen für unser Internat gefunden, aber der ist absolut top." Sie dreht den Daumen nach oben.
„Immer herein in die gute Stube!", ruft Graf Meerfeld und winkt Lorenz zu sich.
Direkt hinter ihm tauchen auch schon Sam und Pieter auf. Lorenz geht auf Anni zu – und dann steht er direkt vor ihr.

Bevor sie etwas sagen kann, zieht er sie hoch und umarmt sie fest.
„Ich habe mir solche Sorgen um dich gemacht, du dumme Gurke", murmelt er ihr ins Ohr, seine Stimme klingt ganz rau. „Gut, dass dir nichts passiert ist."
Annis Herz setzt einen Schlag aus und rast dann in schnellem Galopp weiter. Sie spürt seine Wärme und will etwas erwidern, doch ihre Kehle ist trocken. Stattdessen schließt sie kurz die Augen und lehnt ihre Stirn gegen seine Schulter. „Tut mir leid", flüstert sie, kaum hörbar, aber sie weiß, dass er es versteht.

Hinter ihnen räuspert sich jemand leise, und als Anni sich langsam aus der Umarmung löst, sieht sie, dass Sam und Pieter nicht finster dreinblicken, sondern erleichtert wirken. Sam stemmt allerdings die Hände in die Hüften und schüttelt leicht den Kopf.
„Mann, Anni. Du kannst einem echt einen Herzinfarkt verpassen."
Pieter nickt zustimmend. „Wir haben uns große Sorgen gemacht. Aber …", er mustert Anni, Raffi und Melli der Reihe nach, „ihr habt das hier gut gemeistert. Alle zusammen."

Melli strahlt und Raffi richtet sich ein wenig stolz auf. Anni atmet tief durch. Sam wirkt zwar ernst, doch ihre Augen leuchten fast ein wenig bewundernd. „Das nächste Mal lasst ihr solche Alleingänge aber sein und sprecht direkt mit uns, versprochen?“

„Versprochen“, murmelt Anni und sieht kurz zu Lorenz, der noch immer neben ihr steht. Er grinst schief, als wollte er sagen: *Meine Worte …*

Der Graf erhebt sich leicht aus seinem Stuhl und winkt Sam und Pieter zu sich. „Setzt euch doch. Wilhelm hat Kaffee gemacht.“

Sam und Pieter zögern nicht lange.

„Danke“, sagt Sam und nippt an ihrem Kaffee. „Ich glaube, der tut jetzt richtig gut.“

„Ihr Lieben, langt munter zu. Danach haben wir einiges zu besprechen“, sagt der Graf. Er schenkt sich selbst auch noch einen Kaffee ein und blickt in die Runde. „Ich habe eine kleine Überraschung für euch.“

Neugierde flammt in den Gesichtern auf, während Wilhelm frische Brötchen ins Körbchen nachlegt.

Der Graf lehnt sich zurück, faltet die Hände vor sich auf dem Tisch und sieht Pieter und Sam an. „Ich habe heute Morgen ein Telefonat geführt, nachdem Melanie mir die Telefonnummer ihrer Eltern anvertraut hat. Ich weiß, dass die Lage mit den

Zwillingen nicht einfach ist. Ihre Eltern machen sich Sorgen, genau wie ihr. Und ich dachte mir – warum nicht die Chance nutzen, die Dinge in Ruhe zu klären?“

„Was … was meinen Sie damit?“, fragt Raffi vorsichtig.

Der Graf lächelt. „Ich habe eure Eltern eingeladen, hierherzukommen und ein paar Tage zusammen mit euch auf meinem Gutshof zu verbringen. Damit ihr die Möglichkeit habt, über alles zu reden. Ohne Hektik, ohne Stress. Nur mit Zeit, um herauszufinden, was für euch am besten ist. Eine kurze Unterrichtsbefreiung wird sicher kein Problem sein, wenn man damit Probleme aus der Welt schafft?“ Die Frage richtet sich an Pieter und Sam.

Melli blinzelt, als müsste sie erst begreifen, was das bedeutet. „Sie kommen wirklich beide hierher? Auf den Gutshof?“

„Ganz genau. Sie haben verstanden, dass es euch ernst ist. Das ist schon der erste Schritt.“ Der Graf nippt an seinem Kaffee. „Und das Beste: Frau Wittenberg hat sich bereit erklärt, euch während dieser Zeit Reitpferde zur Verfügung zu stellen – völlig kostenlos. Ich dachte mir, vielleicht hilft es, wenn ihr gemeinsam etwas Schönes unternehmen könnt.“

Melli stößt einen leisen Laut aus und Raffi sieht aus, als wüsste er nicht, ob er lachen oder weinen soll.

„Ehrlich jetzt?“ Seine Stimme ist kaum mehr als ein Flüstern.

Sam und Pieter tauschen einen Blick. Dann lehnt Sam sich mit

einem breiten Lächeln vor. „Das ist eine geniale Idee, Graf Meerfeld. Genau das, was diese Familie jetzt braucht. Sobald sie hier eingetroffen sind, werden auch wir mit den Eltern reden und erzählen, wie sehr Melli unter der Trennung von Raffi leidet." Anni beobachtet die Zwillinge. Ein Glanz liegt in ihren Augen, eine Hoffnung, die sie schon fast aufgegeben hatten. Melli greift nach Raffis Hand – und Anni dreht sich zu Lorenz, sucht seine Hand und findet sie warm und fest in ihrer. Ohne nachzudenken, drückt sie Lorenz' Hand – ein stilles Zeichen des Glücks. Lorenz erwidert ihren Blick und sein Lächeln sagt ihr alles. *Ja, das hier fühlt sich toll an. Ein Neuanfang – für alle.*

Mit vollen Bäuchen machen sie sich auf den Weg zurück zum Internat. Die Sonne steht schon tief am Himmel, taucht die Felder in ein goldenes Licht. Der Graf begleitet sie ein Stück

des Weges, bevor er sich am Waldrand mit einem schmunzelnden „Passt gut auf euch auf!“ verabschiedet und zu seinem Hof umkehrt.

Melli und Raffi laufen vorneweg, ihre Stimmen sprudeln voller Aufregung durcheinander. Sie können es immer noch kaum fassen, dass ihre Eltern tatsächlich nach Gut Meerfeld kommen und Sam und Pieter ihnen dabei helfen wollen, zusammenbleiben zu dürfen. Sam und Pieter gehen gemächlich hinterher, offensichtlich erleichtert darüber, dass alles so gut ausgegangen ist.

Anni schlendert in einigem Abstand von den anderen neben Lorenz her, ihre Hand streift immer wieder unbewusst seine. Sie genießt die klare Luft, den Geruch von Sommerwald und von Pferden in der Ferne. Dann, plötzlich, hört sie es.

Ein freudiges Wiehern.

Ihr Herz macht einen Hüpfer.

„Ponyherz!“
Sie bleibt stehen und späht zwischen den Bäumen hindurch. Und da ist er. Ihr Wildpferd, ihr Herzensfreund. Er hebt den Kopf, schnaubt, seine dunklen Augen funkeln. Anni versteht sofort, was er ihr sagen will.
Anni dreht sich zu Lorenz. Er hat das Wildpferd auch bemerkt und zwinkert ihr zu.

Sie lächelt. „Ich hab ihn gesehen, weißt du? Den Wolf. Ganz nah. Er war nicht gefährlich, gar nicht. Nur neugierig."

Lorenz hebt eine Braue. „Echt? Und du hast keine Angst gehabt?"

Anni schüttelt langsam den Kopf. „Nein. Irgendwie hatte ich das Gefühl, er gehört hierher. So wie Ponyherz."

Sie sieht wieder zu ihrem Pferd, das jetzt mit erhobenem Kopf ein paar Schritte auf sie zu macht, dann jedoch abrupt stehen bleibt.

„Und ich glaube, der Wolf hat mir keine Angst gemacht, weil er frei ist. So wie Ponyherz."

Lorenz grinst schief. „Oder weil du manchmal selbst ein bisschen wild bist?"

Anni lacht und stupst ihn in die Seite. „Na, hör mal! Ich bin ganz brav!"

Doch als Ponyherz ein weiteres Mal wiehert und dann mit weiten Sprüngen in den Wald davonprescht, flüstert sie leise: „Zumindest meistens."

Kaum haben sie das Tor zum Internat durchschritten, stürmen ihre Mitschülerinnen und Mitschüler herbei. Lynn und Pia kommen als Erste angerannt.

„Anni! Ihr seid wieder da!" Lynns Augen leuchten. „Wir haben uns solche Sorgen gemacht!"

Harvey steht etwas abseits, umgeben von seinen Hühnerfreundinnen, und mustert die Gruppe mit einem leicht beleidigten Blick. „Tja. Und wer musste hier zurückbleiben? Ich. Dabei hätte ich euch locker gerettet, wenn es nötig gewesen wäre, nur so zur Info."

Raffi klopft ihm aufmunternd auf die Schulter. „Nächstes Mal schmuggeln wir dich auf jeden Fall mit rein ins Abenteuer, versprochen."

Harvey schnauft gespielt empört. „Ja, ja. Immerhin seid ihr heil zurückgekommen."

Pia ruft überglücklich: „Leute! Das müssen wir unbedingt feiern! Wir machen eine Party."

Lynn strahlt. „Oh ja! Und wie wäre es mit einer riesigen Pyjamaparty?"

Anni klatscht in die Hände. „Super Idee! Und du und Harvey dürft sie organisieren."

Harvey lässt gespielt den Kopf hängen. „Toll. Arbeit. Genau das, was ich mir wünsche." Aber sein breites Grinsen verrät ihn.

Lynn lacht. „Das wird die beste Pyjamaparty aller Zeiten!"

Und als Anni sich umblickt, all die lachenden Gesichter sieht und wie dicht sich Lorenz neben sie stellt, ist sie sich sicher: Ja, das wird sie.

„Ich habe auch schon ein Motto!", ruft sie. „Wild Heart!" Sie zwinkert Lorenz zu.

*Wenn alle richtig am Partymachen sind,* denkt Anni, *schleiche ich mich zu Ponyherz und seiner Herde. Mit einem Rucksack voller Gurken, Möhren und Äpfel zur Belohnung. Vor dem Wolf muss ich ja keine Angst mehr haben. Der ist ja auch bloß wild und frei. So wie ich und Ponyherz.*

## Hallo, ihr Lieben!

Kennt ihr das? Ein richtig gutes Geheimnis zu haben, ist wie ein funkelnder Schatz. Es ist aufregend und man muss höllisch aufpassen, dass es niemand herausfindet. Ich weiß genau, wovon ich spreche, denn ich habe selbst ein Geheimnis. Ein großes. Eines mit vier Hufen, wilder Mähne und dem Geruch von Freiheit: Ponyherz.

Aber wie und wo verbirgt man ein Geheimnis richtig? Ich verrate euch meine besten Tricks – natürlich nur, weil ich euch vertraue!

**1. Die Tarnung ist alles!**

Wenn du ein Geheimnis hast, dann tu am besten so, als hättest du keins. Versuch, so normal wie möglich zu gucken, tuschele nicht mit deinen Freundinnen und vor allem: Starre niemanden an, als könntest du Gedanken lesen. Leute werden schnell misstrauisch! Also immer schön cool bleiben.

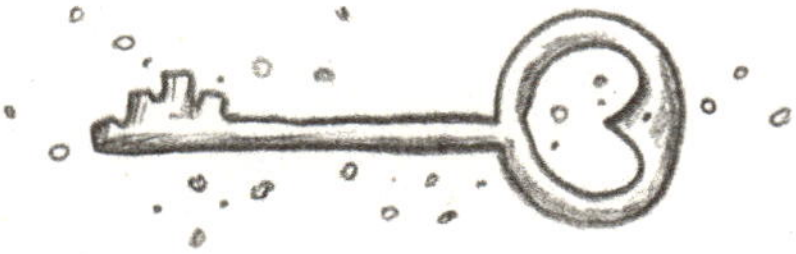

**2. Verstecke mit Köpfchen!**

Geheimnisse, zum Beispiel ein Tagebuch oder Liebesbriefe, brauchen gute Verstecke. Einen Brief einfach unter das Kopfkissen legen? Katastrophe! Denk kreativ: eine leere Shampooflasche im Bad, eine lose Bodendiele, ein moosbewachsener Stein im Wald oder – mein Favorit – die Futtertonne in der Stallkammer. Niemand wühlt freiwillig in Hafer, glaubt mir.

**3. Der beste Alibi-Plan!**

Manchmal musst du dich heimlich davonschleichen. Dann brauchst du eine gute Ausrede. „Ich muss unbedingt Vokabeln lernen" ist super – weil dir niemand freiwillig bei so einer öden Aufgabe Gesellschaft leisten will. Oder du behauptest, du hast dir von deiner schlauen Freundin, einem echten Mathe-Genie, gerade eine superkomplizierte Aufgabe erklären lassen und brauchst dringend frische Luft. Sofort glaubt dir jeder, dass du für dich sein willst!

**4. Vertraue nur den Richtigen!**

Es gibt Geheimnisse, die sind zu groß für dich allein. Dann solltest du dir Verbündete suchen – aber wähle sie weise! Wer schon mehrmals kleine Geheimnisse ausgeplaudert hat, bekommt besser nicht dein größtes anvertraut. Und niemals alles auf einmal erzählen! Teste erst mal, ob jemand wirklich dichthalten kann.

Mein Verbündeter ist Lorenz. Dass Ponyherz und ich heimliche Freunde sind und ich auf meinem Wildpferd sogar reiten gelernt habe, würde er niemandem auf der ganzen Welt verraten. Egal was passiert, auf ihn ist Verlass.

Bei Melli und ihrem Zwillingsbruder Raffi ist es ähnlich. Sie vertrauen einander vollkommen – aber keinen anderen. Und das ist manchmal ganz schön schwer und vielleicht sogar gefährlich für die beiden.

Bei Lorenz und mir gab es auch schon brenzlige Momente. Aber wir haben alles gut überstanden.

Beste Freunde eben!

**5. Plan B bereithalten!**

Falls doch jemand Verdacht schöpft und du Angst hast, dass dein Geheimnis auffliegt: Lenke ab! Eine durchgeknallte Frage wie „Hast du schon gehört, dass Mister Grant früher Ballett getanzt hat?“ sorgt garantiert für Chaos und Lachflashs und du kannst dich unauffällig verdrücken.

Kurz gesagt: Geheimnisse sind spannend, aber sie erfordern Köpfchen. Und wenn ihr jetzt denkt: Anni, du bist echt ein Profi! – tja, dann sage ich nur: Übung macht die Meisterin. Aber pssst!

Alles Liebe

Eure Anni

Dies war der zweite Band von *Forever – Mein Wildpferd und ich*. Doch die Abenteuer von Anni und ihrem Wildpferd gehen weiter.

Melli und Raffi freuen sich so sehr, dass sie nun zusammen im Internat *Wild Heart* sind! Und auch Anni freut sich – Raffi ist richtig nett und wird schon bald zu einem echten Freund. Wie seltsam, dass Lorenz das aus irgendeinem Grund nicht so richtig zu passen scheint. Nur auf Ponyherz ist wie immer Verlass. Auf seinem Rücken reitet Anni mitten hinein ins nächste Abenteuer, das nach Wald und Wiese duftet …

Freu dich auf die Fortsetzung!

Leseprobe aus Band 3

Forever
Mein Wildpferd und ich

Durch das Blätterdach des Internatswaldes flimmert das Sonnenlicht wie flüssiges Gold. Anni schiebt einen großen Farn beiseite und lächelt, als sie eine vertraute Silhouette zwischen den Bäumen entdeckt.

„Ponyherz", flüstert sie glücklich. „Da bist du ja wieder."

Der Wildpferdhengst hebt den Kopf, seine Mähne tanzt im leichten Wind. Er wiehert leise und trabt ihr entgegen. Anni schlingt die Arme um seinen Hals, vergräbt das Gesicht in seinem zotteligen Fell.

„Du hast mir gefehlt", murmelt sie.

Ponyherz stupst sie sanft mit den Nüstern an, als würde er sagen: *Du mir auch.*

Sie lehnt sich an ihn, während er genüsslich an einem jungen Trieb knabbert.

„Stell dir vor", sagt sie, „Raffi darf bei uns in der Klasse bleiben. Ich find ihn echt nett – irgendwie viel netter als Melli. Die ist manchmal richtig zickig, weißt du ja."

Ponyherz prustet, als würde er zustimmen.

Anni grinst. Dann verengen sich ihre Augen. Dort hinten bei den Tannen … ist da jemand?

Ein Schatten huscht durch das Unterholz. Anni drückt sich an Ponyherz.

„Warte …"

Da – jetzt sieht sie es ganz deutlich: Jemand kommt näher.

„Oh nein … Raffi?!", flüstert Anni erschrocken.

Tatsächlich, ein schlaksiger Junge mit zerzauster Mähne und abgewetztem Hoodie stapft durchs Dickicht.

Anni reagiert sofort. „Los, Ponyherz – weg!", zischt sie.

Der Hengst schnaubt leise und verschwindet lautlos im Wald, so elegant und schnell wie ein Geist. Anni sieht ihm nach, dann dreht sie sich hastig um.

„Raffi?! Was machst du denn hier?" ruft sie, bemüht, ganz normal zu klingen.

Raffi bleibt überrascht stehen. „Ich war beim Grafen. Wir haben zusammen Tee getrunken. Er ist total nett. Und er hat mir alte Fotos aus seiner Kindheit gezeigt und wie das Internat früher aussah. Ich glaub, er fühlt sich ziemlich einsam."

Anni nickt langsam. „Ja, das kann schon sein. Und warum hast du den Weg durch den Wald genommen?"

Raffi zuckt mit den Schultern. „Ich war doch vor Kurzem noch dauernd allein draußen unterwegs. Alte Gewohnheit."

Anni runzelt die Stirn. „Dann lass dich nicht erwischen. Sam sieht es nicht gerne, wenn wir ohne Erlaubnis in den Wald gehen. Auch wenn der Wolf anscheinend weitergezogen ist."

Raffi lacht. „Gilt aber auch für dich – oder was ist deine Mission, Rotkäppchen?"

Anni kichert. Da hat er natürlich recht.

Sie gehen plaudernd nebeneinander zurück in Richtung Internat, die Nachmittagssonne glitzert durch die Zweige.

Als sie durch das Internatstor treten, kommt ihnen Lorenz über den Hof entgegen.

„Na, ihr zwei? Wart ihr etwa zusammen im Wald?" Seine Stimme klingt leicht angespannt.

Anni runzelt die Stirn. „Wir haben uns zufällig getroffen und sind das letzte Stück zusammen zurückgelaufen. Raffi war beim Grafen."

„Aha", sagt Lorenz langsam. Er schaut erst Anni, dann Raffi an, dann wieder Anni. „Ihr seid zusammen zurückgelaufen. Ist ja nett, dass ihr euch so gut versteht."

Anni spürt, wie ihre Wangen warm werden. Was ist denn mit dem los?

Raffi sagt fröhlich: „Der Graf hat erzählt, dass es hier früher sogar Wildpferde gegeben haben soll. Voll spannend."

Anni lacht nervös. „Wirklich? Na so was."

Lorenz zieht eine Augenbraue hoch. „Tja, der Graf erzählt viel, wenn der Tag lang ist." Mit diesen Worten dreht er sich um und marschiert davon.

Anni bleibt stehen und schaut ihm unglücklich nach.

„Der ist ja heute komisch drauf. Weißt du, was sein Problem ist?", fragt Raffi kopfschüttelnd.

Anni zuckt mit den Schultern. „Was weiß denn ich", antwortet sie patzig und läuft Lorenz eilig hinterher.

*Der dritte Band erscheint im Herbst 2026.*

*Usch Luhn*, geboren in Österreich, arbeitete nach dem Studium beim Kinderfernsehen und beim Radio. Heute unterrichtet sie Dramaturgie an einer Filmschule, schreibt Drehbücher und sehr erfolgreiche Kinderbücher. Sie lebt abwechselnd in Berlin und am Wattenmeer.

*Franziska Harvey* wurde 1968 in Frankfurt am Main geboren. Sie studierte Illustration und Kalligrafie und arbeitet als freiberufliche Illustratorin für verschiedene Verlage und Agenturen.

# FILM AB FÜR PONYHERZ!

Usch Luhn
**PONYHERZ 1: WILD UND FREI. DAS BUCH ZUM FILM**
Hardcover
224 Seiten
ISBN 978-3-551-65270-6
Auch als E-Book erhältlich

**ANNI MUSS MIT IHREN ELTERN AUFS LAND ZIEHEN.** Erstmal ist alles doof – die Schule, die Orchideenzucht der Eltern und das Landleben sowieso. Doch dann trifft sie auf das Wildpferd Ponyherz, zu dem sie eine fast magische Verbindung spürt. Gemeinsam wehren sie sich gegen gemeine Klassenkameradinnen und schlagen rücksichtslose Pferdediebe in die Flucht.

# „BERLIN, BERLIN“ FÜR JÜNGERE

SUSANNE FÜLSCHER
**RUBY 1: RUBY**
Hardcover
272 Seiten
ISBN 978-3-551-65552-3
Auch als E-Book erhältlich

**RUBY WOHNT JEWEILS EINE WOCHE** bei ihrer Mutter am grünen Stadtrand, die darauffolgende Woche bei ihrem Vater in einer WG mitten in Bunt-Berlin. Sie liebt es, dazwischen hin und her zu pendeln. Vor allem, als ein Zimmer in der WG des Vaters neu vermietet wird und ein gefeierter Popstar einzieht ... Als dann aber auch noch ihre Mutter einen peinlichen Zeitungsartikel über Ruby schreibt, ist das Chaos perfekt. Zum Glück hat Ruby hier wie dort zwei beste Freundinnen. Die bequatschen sie, sich mit einer Mail an die Zeitung zu wehren: „Wie es wirklich war!“

## DAS GIBTS NUR IM MÄRCHEN?
## DACHTE MARIE AUCH!

Corinna Wieja
**FAIRY TALE CAMP 1: DAS MÄRCHENHAFTE INTERNAT**
Hardcover
288 Seiten
ISBN 978-3-551-65445-8
Auch als E-Book erhältlich

**MARIES LEBEN FÜHLT SICH REICHLICH UNMAGISCH AN** – bis sie wegen ihrer ungewöhnlichen Fähigkeiten ins Fairy Tale Camp eingeladen wird. In dem märchenhaften Internat lernt sie Ro, Poppy, Ella, Will und Jake kennen, die allesamt behaupten, das Erbe ehrwürdiger Märchenfamilien fortzuführen. Aber was haben magische Brunnen, verhexte Wirbelstürme und verwunschene Bilder mit Maries Leben und dem Verschwinden ihrer Mutter zu tun? Eine dunkle Macht wirft längst ihre Schatten über die magische Welt der Fairys.

**WWW.CARLSEN.DE**

CARLSEN

*Forever* gibt es überall im Buchhandel
und auf www.carlsen.de.


Mit Fragen zur Produktsicherheit wenden Sie sich bitte an:
www.carlsen.de/kontakt
Illustrationen: Franziska Harvey
Umschlagfoto: Florian Gobetz
Umschlaggrafik: Sabine Reddig
Lektorat: Neele Bösche
Produktionsmanagement und Gestaltung:
Constanze Hinz und Sabine Conrad
Satz: Pinkuin Satz und Datentechnik, Berlin
Lithografie: Margit Dittes Media, Hamburg
ISBN 978-3-551-65536-3